Glaube und Vernunft

RAINER RAUSCH (Hg.)

Glaube und Vernunft

Wie vernünftig ist die Vernunft?

Dokumentationen der Luther-Akademie

Tagungsband 11

Bibliografische Information der Deutschen Nationalbibliothek

Die Deutsche Nationalbibliothek verzeichnet diese Publikation in der Deutschen Nationalbibliografie; detaillierte bibliografische Daten sind im Internet über http://www.d–nb.de abrufbar.

© Lutherisches Verlagshaus GmbH, Hannover 2014
www.lvh.de
Alle Rechte vorbehalten
Umschlagbild: Daniel Stockmann (Ausschnitt)
Umschlaggestaltung: Sybille Felchow, she–mediengestaltung, Hannover
Satz: Daniel Piasecki, Schwerin, & Rainer Rausch, Dessau
Typographie: Palatino Linotype
Druck und Bindung: CPI buchbücher.de, Birkach

ISBN 978–3–7859–1167–9

Printed in Germany

»Und tatsächlich ist es wahr, dass die Vernunft die Hauptsache von allem ist und vor allen übrigen Dingen dieses Lebens das Beste und etwas Göttliches.«

Martin Luther, Luther, These 4 & 5 der »Disputatio de homine« (1536) WA 39/1, 175

Inhaltsverzeichnis

Vorwort 9

Ausführliches Inhaltsverzeichnis 13

1. Teil: Geistliche Impulse

DR. GEORG RAATZ:
    Predigt am 27. September 2012, Auslegung von Phil 4,7 19

UWE BAUMGARTEN:
    Predigt am 28. September 2012, Auslegung von 1. Kor 1,18-25 22

2. Teil: Vorträge

PROF. DR. MIRIAM ROSE:
    Glaube und Vernunft in lutherischer Perspektive – Ambivalenz, Asymmetrie, Ambiguität 27

PROF. DR. UDO KERN:
    Zwischen Exzellenz und Blindheit – zum Verhältnis von Glaube und Vernunft bei Martin Luther 55

PROF. DR. THEODOR DIETER:
    Widersprüchliche Vernunft? Beobachtungen zu Luthers Umgang mit ‚der' Vernunft 73

PROF. DR. MARK MATTES:
    Glaube und Vernunft bei Luther im gegenwärtigen Diskurs 99

PRÄLAT DR. BERNHARD FELMBERG:
    Politik und Vernunft – ein sich ergänzendes Begriffspaar oder gegensätzliche Pole? ... 133

PROF. DR. JOHANNES VON LÜPKE:
    ‚Heilig, gerecht und gut' – theologische Kritik der Vernunft im Horizont der Aufklärung 149

3. Teil: Gerhard Ebeling – ein dankbares Gedenken anlässlich des 100. Geburtstages

Dr. Hans Christian Knuth und Winfrid Krause:
Dank und bleibende Verpflichtung – eine kurze Würdigung des Lutherforschers und ehemaligen wissenschaftlichen Leiters der Luther-Akademie 167

4. Teil: Register

Literaturverzeichnis 171

Bibelstellenregister 181

WA–Fundstellen 183

Namensregister 187

Autoren des Tagungsbandes 191

Programm der Herbsttagung 193

Vorwort

»Wie vernünftig ist die Vernunft?« Die Frage, die Minna von Barnhelm Major von Tellheim in Gotthold Ephraim Lessings im Jahre 1767 fertiggestellten Lustspiel in fünf Aufzügen stellt, weckt Neugier.

»Wie vernünftig ist die Vernunft?« Diese Frage im Rahmen der Tagung der Luther-Akademie zu behandeln, bedeutet den Zusammenhang herzustellen zwischen dem Glauben und der Vernunft. Aussagen Luthers zur Vernunft scheinen widersprüchlich zu sein. Einerseits betont er in seinem Kommentar zum Römerbrief, dass die Vernunft »für das Beste« eintrete und »gute Werke« tue. Auch bezeichnet der Reformator die Vernunft als »Erfinderin und Lenkerin aller freien Künste, der Medizin, der Rechtswissenschaft und alles dessen, was in diesem Leben an Weisheit, Macht, Tüchtigkeit und Herrlichkeit von Menschen besessen wird«, ist sie geradezu »etwas Göttliches.«[1] Andererseits wendet sich Martin Luther unter Einsatz all seiner polemischen Kraft gegen einen Herrschaftsanspruch der Philosophie über die biblische Botschaft und bewertet die Vernunft als das größte »Hindernis in Bezug auf den Glauben, weil alles Göttliche ihr ungereimt zu sein scheint.«

Durch die Vorträge und die Diskussionen während der Tagung ist deutlich geworden, dass und wie die Unterscheidung von Glauben und Vernunft zu den Merkmalen des Protestantismus gezählt werden kann. Insofern sind die Erkenntnisse, die anlässlich der Frühjahrstagung der Luther-Akademie für Studierende im Jahre 2009 gewonnen wurden, aktualisiert worden. Damals haben sich Studierende unter der Leitung von Prof. Dr. Oswald Bayer (Tübingen), Prof. Dr. Johannes von Lüpke (Wuppertal) sowie Prof. Dr. Volker Stümke (Hamburg) unter Bezugnahme auf die den Protestantismus herausfordernde Regensburger Rede des Papstes

---

[1] Vgl. MARTIN LUTHER, Thesen »Disputatio de homine« (1536), WA 39/1, 175-180.

Benedict XVI.² mit der Verhältnisbestimmung zwischen Glauben und Vernunft befasst. Der Papst emeritus hat mit der These der Vernunftfeindlichkeit reformatorischer Theologie (nolens volens?) die Protestanten indirekt aufgefordert, Kriterien zu benennen, um beides – die Vernunft und den Glauben – voneinander zu unterscheiden und dann doch spezifisch aufeinander zu beziehen.

Von Luther ist zu lernen, dass die Vernunft mit all ihrem Vermögen der Erkenntnis der biblischen Wahrheit zu dienen hat. Diese Differenzierung zwischen Glaube und Vernunft kommt beiden zugute: der rechten Gotteserkenntnis und Selbsterkenntnis ebenso wie der weltlichen Verantwortung. Dies berücksichtigend kann auch der durch die Aufklärung geprägte Vernunftbegriff mit dem Glauben in ein sinnvolles Verhältnis gesetzt werden.

Der Sentenz des Werbetexters Günther Damm »Der Glaube versetzt Berge – die Vernunft weiß wohin«³ ist die Erkenntnis entgegenzusetzen, dass der Glaube zur Reflexion auf die Grenzen der Vernunft führt. Die individuelle Aneignung des Glaubens erfolgt in einem Prozess, der das eigene Selbstverständnis einbezieht. Insofern regt der Glaube – ähnlich der philosophischen Denkbewegung Immanuel Kants – vernünftigerweise zur kritischen Begrenzung der Vernunft an.

Im Juli 1912 ist Gerhard Ebeling geboren. Während der Tagung gedachte Präsident Dr. Knuth dieses führenden Lutherforschers, von dessen Engagement als Vorsitzender des Kuratoriums und zugleich als wissenschaftlicher Leiter der Luther-Akademie in den Jahren 1985 bis 1997 wir nach wie vor profitieren. Unser Kuratoriumsmitglied Albrecht Beutel hat eine umfassende Biografie verfasst⁴, in der er unter Beachtung des wissenschaftlichen Anspruchs in faszinierender Weise Leben und Werk dieses großen Theologen dargestellt. Dieser Tagungsband würdigt im 3. Teil Leben und Wirken Gerhard Ebelings, der die Luther-Akademie thematisch und konzeptionell nachhaltig geprägt hat. Bei der Lektüre der Tagungsbei-

---

2 Vgl. BENEDIKT XVI. (= RATZINGER, JOSEF), Glaube, Vernunft und Universität. Erinnerungen und Reflexionen, in: DERS. (HG.), Glaube und Vernunft. Die Regensburger Vorlesung, Freiburg 2006, S. 11-32.

3 GÜNTHER DAMM, http://www.werbehexer.de/aphorismen.html.

4 ALBRECHT BEUTEL, Gerhard Ebeling. Eine Biografie, Tübingen 2012.

träge wird deutlich, dass die Referenten in ihren Vorträgen auch untersucht haben, welche Forschungsergebnisse Gerhard Ebeling zur jeweiligen Themenstellung zu verdanken sind.

Einer guten Tradition folgend sind die Tagungsbeiträge dokumentiert und mit verschiedenen Registern versehen.

Vielmals gedankt sei Prof. Dr. Oswald Bayer, der die Tagung thematisch geplant und wissenschaftlich geleitet hat.

Ein besonderer Dank richtet sich an Daniel Piasecki, der die technischen Herausforderungen im Hinblick auf das Layout in bewährter Weise gelöst hat.

Für das Lesen der Korrekturfahnen ist Frau Annika Arnold (Studentin der Wirtschaftspsychologie der Leuphana Universität Lüneburg), Sophia Marie Böttger sowie Dagmar Wegner zu danken.

Den Leser erwartet auch bei diesem Tagungsband eine ertragreiche Lektüre.

Dessau, 11. November 2013

Dr. Rainer Rausch

Ausführliches Inhaltsverzeichnis

Inhaltsverzeichnis 7

Vorwort 9

Ausführliches Inhaltsverzeichnis 13

1. Teil: Geistliche Impulse 19

Georg Raatz:
Auslegung von Phil 4,7 19

Uwe Baumgarten:
Predigt über 1. Kor 1,18-25 22

2. Teil: Vorträge 27

Miriam Rose:
Glaube und Vernunft in lutherischer Perspektive – Ambivalenz, Asymmetrie, Ambiguität 27

    I.   Ambivalenz, Asymmetrie, Ambiguität – die Fragestellung 27

        1.   Welche Vernunft? 28

        2.   Was ist Vernunft? 28

        3.   Wer fragt nach dem Verhältnis von Glaube und Vernunft? 29

        4.   Wie geschichtlich ist das Problem? 30

        5.   Ist die Frage nach dem Verhältnis von Glaube und Vernunft eine zeitgemäße Fassung des Problems? 31

        6.   Muss das Verhältnis zwischen Glaube und Vernunft konfliktfrei sein? 33

Ausführliches Inhaltsverzeichnis

    II.   Ambivalenz, Glaube und Vernunft des sündigen Menschen 35

        1.   Ebelings Sicht der Relation von Glauben und Denken 35

        2.   Glaube und Vernunft als Grundeinstellungen zur Wirklichkeit 38

        3.   Der Konflikt innerhalb der Vernunft und innerhalb des Glaubens 39

    III.   Asymmetrie, Glaube und Vernunft in der europäischen Moderne 42

        1.   Ethisierung 43

        2.   Säkularisierung 45

        3.   Fragilisierung des Glaubens 48

    IV.   Ambiguität. Heaven at work? 49

    V.   Fazit: Was bedeutet das für den Glauben und was für die Theologie? 52

Udo Kern:
Zwischen Exzellenz und Blindheit – zum Verhältnis von Glaube und Vernunft bei Martin Luther 55

    I.   Die Vernunft als die göttliche Gabe: regina, gubernatrix omnium 55

    II.   Vernunft weiß naturaliter um Existenz und nichts von Gottes Güte 57

    III.   Hure Vernunft: Ratio konstruiert ihren Gott 59

    IV.   Ratio in negativis – ratio in affirmativis 61

    V.   Ratio in evidens 63

    VI.   Frei-gemacht-werden der ratio durch den Glauben 63

Theodor Dieter:
Widersprüchliche Vernunft? Beobachtungen zu Luthers Umgang mit ‚der' Vernunft 73

    I.   Einleitung 73

    II.   Ein Beispiel für die rationale Struktur von Luthers Theologie 75

Ausführliches Inhaltsverzeichnis

    III. Luthers Kritik an der Lehre des Aristoteles vom Gerechtwerden 83

    IV. Vom rechten Umgang mit der Vernunft 93

    V. Schlussbemerkungen 96

MARK MATTES:
Glaube und Vernunft bei Luther im gegenwärtigen Diskurs 99

    I. Einleitung 99

    II. Die Aneignung der Philosophie 106

    III. Luthers hohes Lob der Vernunft 110

    IV. Natürliche Theologie 111

    V. Glaube und Verstehen in ›De servo arbitrio‹ 115

    VI. Widerspruch, nicht Analogie 117

    VII. Wenn der Glaube seine Unschuld verliert 124

    VIII. Paradoxe und diskursive Wahrheit 127

    IX. Weltliche Vernunft 128

    X. Schlussfolgerung 131

BERNHARD FELMBERG:
Politik und Vernunft – ein sich ergänzendes Begriffspaar oder gegensätzliche Pole? 133

    I. Einleitende Überlegungen 133

        1. Vernunft 134

        2. Politik 135

    II. Platon und Kant – Kontrolle der Macht durch die Vernunft 136

        1. Platon zu Politik und Vernunft in der Polis 136

        2. Kants Weiterführung des Gedankens der Philosophenherrschaft 138

Ausführliches Inhaltsverzeichnis

  III. Politik und Vernunft in unserer Gesellschaft 139

    1. Wir sind guter Verfassung – Parteiprogramme und das Grundgesetz 139

    2. Opposition, vernünftige Beratung und die Entmachtung der Vernunft 140

    3. Pluralistische Elemente 143

  IV. Der Vorwurf der Unvernunft und evangelische Perspektivenvertretung 145

    1. Zur Relevanz des Glaubens als öffentliches Deutungsangebot 145

    2. Können und dürfen wir mitwirken im Ringen um vernünftige Politik? 146

    3. Reflexion der evangelischen Perspektivenvertretung in Berlin 146

JOHANNES VON LÜPKE:
»Heilig, gerecht und gut« – Theologische Kritik der Vernunft im Horizont der Aufklärung 149

  I. Dialektik des Gesetzes und der Vernunft 149

  II. Zweifel an der Vernunft. Hinweise zur Vernunftkritik der Aufklärung 151

  III. Kritik der gesetzlichen Vernunft 156

  IV. Gotteserkenntnis im Sprachraum von Gesetz und Evangelium 162

3. Teil: Gerhard Ebeling – ein dankbares Gedenken anlässlich des 100. Geburtstages 167

HANS CHRISTIAN KNUTH und WINFRID KRAUSE:
Dank und bleibende Verpflichtung – eine kurze Würdigung des Lutherforschers und ehemaligen wissenschaftlichen Leiters der Luther-Akademie 167

4. Teil: Register 171

Literaturverzeichnis 171

Bibelstellenregister 181

WA–Fundstellen 183

Ausführliches Inhaltsverzeichnis

Namensregister 187

Autoren des Tagungsbandes 191

Programm der Herbsttagung 2012 193

1. Teil: Geistliche Impulse

GEORG RAATZ:
Auslegung von Phil 4,7

Morgenandacht im Ratzeburger Dom am 27. September 2012

⁷Und der Friede Gottes, der höher ist als alle Vernunft, bewahre eure Herzen und Sinne in Christus Jesus.

Liebe akademische und morgendliche Gemeinde,
vielleicht denken Sie, als Pastor, wenn auch noch zur Anstellung, müsste er eigentlich wissen, dass der Kanzelsegen auf die Predigt folgt und ihr nicht vorangeht. Dies ist in der Tat so – schon seit dem 4. Jahrhundert, als es noch gar keine Kanzeln gab – und das weiß ich auch. Nun ist es aber nicht nur am 4. Advent so, wenn aus Phil 4 die Epistel gelesen wird, sondern auch dann, wenn Dr. Rausch in Vorbereitung dieser Tagung der Luther-Akademie zum Thema »Glaube und Vernunft bei Luther« einen solchen Vers als Andachtstext auswählt, in dem das schöne große Wort »Vernunft« vorkommt, und dieser dann üblicherweise am Anfang steht.

Und über diesen liturgischen Regelverstoß hinaus muss heute noch etwas gegen die Homiletik gesagt werden: Auch wenn sie dieses Pauluswort gerne als Entlastung für Predigerinnen und Prediger deutet, nach dem Motto, wie ich es auf einer einschlägigen Website gefunden habe: »Der

Prediger/die Predigerin ‚entlastet' sich mit dem Kanzelsegen und drückt damit aus: ‚Meine Worte sind unzulänglich und Stückwerk. Gottes Friede ist größer, als ich ihn auszudrücken vermag'«, so mag das durchaus für die Pastorenpsyche hilfreich sein, hat aber nichts mit dem zu tun, was Paulus im Sinn hatte und mit ihm auch Luther als sein getreuer Exeget. Denn Luther hat bekanntlich Predigern ebensoviel abverlangt wie der schrifthermeneutischen und homiletischen Vernunft und überhaupt – der Vernunft, jedenfalls im Bereich des Philosophischen und Alltäglichen und auch des Politischen.

Mit dem Politischen sind wir bei dem Begriff, um den es hier zunächst geht: nämlich den Frieden, genauer den Frieden Gottes. Im ersten Augenblick scheint der Friede nicht zu Paulus' und Luthers bevorzugten theologischen Begriffen zu zählen und hinter Glaube, Liebe, Hoffnung und Rechtfertigung zurückzustehen. Bei näherem Hinsehen wird jedoch deutlich, dass so randständig der Friede bei beiden nicht ist, dass sie nämlich gewissermaßen den Zweck, die Konsequenz der Rechtfertigung eben im Frieden erblicken und deshalb gleichsam fröhlich von gerichtlicher (forensischer) in politische Metaphorik wechseln. Die Rechtfertigung und Annahme des Sünders durch Gott mündet ein in eine friedvolle Versöhnung, in der nach dem Buß*kampf* das Herz *Friede* findet, weil es sich sicher versöhnt weiß mit seinem väterlichen Gott.

So weit so gut: Man fragt sich jedoch, warum Paulus noch die Vernunft ins friedliche Rechtfertigungsspiel bringt. Warum dieser Einschub, warum soll dieser Friede höher sein als alle Vernunft, wie Luther in seiner letzten eigenen Ausgabe des Neuen Testamentes übersetzt, so wie wir es kennen?

Zunächst: Luther übersetzt das griechische Wort 1521/22 und auch in seiner Adventspredigt zu Phil 4,7 ein Jahr später, nicht mit »Vernunft«, sondern mit »Sinn«: »Und der frid Gottis, wilcher vberschwebt allen synnen, beware ewre hertzen vnd synne ynn Christo Jhesu.« Es geht ihm also darum, dass der Friede mit Gott ein Friede im Gewissen und im Glauben ist, ein Frieden, der im Herzen wirklich gefühlt und empfunden werden kann; und zwar auch dann, wenngleich »die Welt unterginge« und »die Welt voll Teufel wär'«, also wenn alle äußeren Sinne, wenn eben alle sinnlich affizierte Vernunft von persönlichem, politischem und überhaupt äußerem Frieden noch nichts sieht. Es ist, so könnte man sagen, auch hier noch ein simul, nämlich ein simul pax et bellum.

Jedoch: der häufig vorgetragene Vorwurf, Luther würde in dieser Glaubensdialektik von innerem Frieden und äußerem Lebenskampf steckenbleiben und mit seiner Betonung der Innerlichkeit die persönlichen und politischen Umstände konservieren, griffe zu kurz. Denn der innere Glaubensfrieden soll endlich und schließlich dann auch übergehen in einen äußeren Frieden, wie er in seiner Predigt am Ende sagt: »mit hertz und synn tzu thun gott und dem nehisten, was und mehr denn er kan.« Der Herzensfrieden will herauskommen und mit den Sinnen sichtbaren Frieden schaffen: Frieden zwischen sich und seinem Gott und auch zwischen den Menschen und Völkern. Auch diese große Verheißung steckt in diesem Pauluswort und in Luthers Auslegung. Dieser sichtbare Friede als Frucht des Glaubens soll nicht, darf nicht vergessen sein. Nach ihm soll all unsere Vernunft streben.

Ich wünsche uns in diesem Sinne friedvolle Tage, aber auch ein vernünftiges Streiten um Luthers Vernunft und seinen Glauben.

Und wenn ich schon verkehrt angefangen habe, so will ich auch so schließen: »*Die Gnade unseres Herrn Jesus Christus und die Liebe Gottes und die Gemeinschaft des Heiligen Geistes sei mit euch allen!*«[1]

Amen.

---

[1] 2. Kor 13,13.

Uwe Baumgarten:
Predigt über 1. Kor 1,18-25

Predigt im Gottesdienst im Ratzeburger Dom am 28. September 2012

[18]*Denn das Wort vom Kreuz ist eine Torheit denen, die verloren werden; uns aber, die wir selig werden, ist's eine Gotteskraft.* [19]*Denn es steht geschrieben (Jesaja 29,14): »Ich will zunichte machen die Weisheit der Weisen, und den Verstand der Verständigen will ich verwerfen.«* [20]*Wo sind die Klugen? Wo sind die Schriftgelehrten? Wo sind die Weisen dieser Welt? Hat nicht Gott die Weisheit der Welt zur Torheit gemacht?* [21]*Denn weil die Welt, umgeben von der Weisheit Gottes, Gott durch ihre Weisheit nicht erkannte, gefiel es Gott wohl, durch die Torheit der Predigt selig zu machen, die daran glauben.* [22]*Denn die Juden fordern Zeichen und die Griechen fragen nach Weisheit,* [23]*wir aber predigen den gekreuzigten Christus, den Juden ein Ärgernis und den Griechen eine Torheit;* [24]*denen aber, die berufen sind, Juden und Griechen, predigen wir Christus als Gottes Kraft und Gottes Weisheit.* [25]*Denn die Torheit Gottes ist weiser, als die Menschen sind, und die Schwachheit Gottes ist stärker, als die Menschen sind.*

Liebe Gemeinde,

manchmal gibt es sogar in Gottesdiensten veritable Situationskomik. Eine im Korinth der frühen Kirche angebrachte rhetorische Frage »Wo sind die Klugen? Wo sind die Schriftgelehrten? Wo sind die Weisen dieser Welt?« lässt sich im September 2012 im Dom zu Ratzeburg mit einem einzigen Blick beantworten: Hier, genau an diesem schönen Ort sind sie, gute zwei Dutzend kluge Köpfe aus ganz Europa und sogar aus Iowa, where the tall corn grows.

Auslegung von 1. Kor 1,18-25

Etwas geerdet allerdings wird diese Wahrnehmung, wenn wir fragen, ob denn die Fragestellung nach der Rolle der Vernunft im Denken Luthers und das, was der gelernte Jude Paulus unter Weisheit assoziiert, sonderlich viel miteinander zu tun haben – das werden wir eher verneinen müssen. Trösten kann uns dabei allenfalls, dass die griechische Klugheit immerhin als Brücke zur lutherischen Vernunft dienen kann.

Weisheit und Verstand sind für Paulus nur die blassen Folien, vor denen das Kreuz erstrahlt. Der Weg in den Glauben führt nicht über den Verstand oder tatsächliche Zeichen, sondern über die Predigt vom Kreuz.

Natürlich liegt der Fokus nicht zunächst auf der Erkenntniskritik, etwa nach dem regelmäßig falsch verstandenen Satz aus dem 13. Kapitel: Unser Erkennen ist Stückwerk. Dies schwingt mit, aber nur mit dem Ziel, deutlich zu machen, dass der bildlose Gott und Vater Jesu Christi sich nicht im Studierstübchen, sondern nur in der Offenbarung finden lässt, noch schärfer formuliert: Dass nicht wir Gott finden können, sondern nur er uns.

Wichtiger ist das andere: Nichts haben wir zu bieten, um zum Heil zu kommen, weder Weisheit, noch Klugheit noch Werke irgendeiner Art, was im Umkehrschluss bedeutet: Was wir zu bieten zu haben meinen, ist vor Gott so gering, dass es vielleicht unserem Wohl, nicht aber unserem Heil dienen kann.

Mit dieser Botschaft war Paulus nach Korinth gekommen und hatte dort bei seinem anderthalbjährigen Aufenthalt diese lebendige, konflikt- und meinungsfreudige Gemeinde begründet und geprägt, in der immer wieder einzelne bereit waren, sich von der eigenen Großartigkeit berauschen zu lassen.

Kaum verhüllt verbirgt sich in seiner theologischen Analyse der Haltung der Juden und der Griechen eine Kritik an einer judenchristlichen und heidenchristlichen Attitüde: »In der Mitte unseres Glaubens, meine Lieben, steht das Kreuz«.

Im Kreuz bildet sich die Erlösung ab, nicht im Intelligenzquotienten. In Tod und Auferstehung Jesu zum Christus der ganzen Welt ist das Heil derer begründet, die seiner Botschaft und der Botschaft von ihm glauben.

Der auch ohne Abitur verständliche Kern der Botschaft lautet: Gott nimmt Dich, wie Du bist als sein Geschöpf, als sein Kind. Das war bahnbrechend in einer Zeit, in der Menschen, sogar die eigenen Kinder, zur

Handelsware werden konnten, in der Frauen im 10. Gebot unter die mobilen und immobilen Besitztümer des Mannes gerechnet wurden.

Ein Christus, der Frauen achtete, Kinder segnete und sie als Vorbild für den Zugang ins Reich Gottes bezeichnete, zog Menschen geradezu an. Die neue Botschaft und der neue Glauben entwarfen eine Welt – bei Matthäus Reich Gottes genannt – in der andere Maßstäbe galten, Maßstäbe eines gütigen und gnädigen Gottes.

Ich wundere mich oft darüber, wie schlecht es uns gelingt, dieser Botschaft in unserer Umwelt Gehör zu verschaffen. Denn fast möchte man sagen: aktueller war sie noch nie. Im Konfirmandenunterricht erlebe ich Kinder, die vor der Zukunft nackte Angst haben. Nicht hier am Dom zu Ratzeburg, aber in Stadtteilen mit so genannten Benachteiligten richten sich die 13-jährigen auf ein Leben ohne Perspektive und in Armut ein.

Wenn ich bei Besuchen die Grenze aus dem beamtisch – bürgerlichen Bereich verlasse und zu gewerblichen Arbeitnehmern komme, dann höre ich von unsicheren Perspektiven bis hinein in die Führungsebenen. Meine Friseuse erzählte mir, dass sie in guten Monaten 950 Euro netto ausgezahlt bekommt, wenn sie nicht verheiratet wäre, könnte sie an Urlaub nicht einmal denken.

Alle haben wir davon gehört, dass es viele Bereiche gibt, in denen man mit 45 zum alten Eisen gehört, und neulich auf einem Pastorenkonvent habe ich mit Verwunderung zur Kenntnis genommen, dass sich ein Kollege die Haare färbt. Bei Frauen, das hab ich ja zu akzeptieren gelernt, dient das der Schönheit, bei einem Kollegen, der im Geiste von CA IV verkündigt, halte ich das für einen Ausdruck der tiefen Angst davor, nicht mehr den Ansprüchen der schnelllebigen Zeit an ewige Jugend und dauernde Schönheit zu genügen – die Lebensangst dringt vor in die A 14 Klasse.

Du bist gut genug, Mensch, so wie Du bist – diese Botschaft unseres Glaubens ist nötiger denn je, die Angst vor dem Leben und die Leere des Daseins peitscht immer mehr Menschen vor sich her.

Auch das sich immer mehr verbreitende Burnout-Syndrom ist Ausdruck der Tatsache, dass viele sozusagen bis zum letzten Mann darum kämpfen, standzuhalten – und damit alle seelische Kraft verbrauchen. Logischerweise treffe ich nur eine Zufallsauswahl von Menschen, die eine Therapie hinter sich haben, aber das fällt mir auf: auch hinterher wirken sie gebrochen. Ein Vers des frommen alten Juden Leonhard Cohen fällt mir dabei immer ein: "It's hard to hold the hand of anyone who's reaching for the sky just to surrender."

Keinem von uns wird es schwer fallen zu sehen, wie die Menschen heute von den Umständen versklavt werden, wie Männer und Frauen den aufrechten Gang verlernen, und, was vielleicht das Schlimmste von allem ist, wie Kinder nicht vergnügt ins Leben tanzen, sondern eine Last von Angst und Sorgen vor sich hertragen.

Die Antwort auf die existentielle Frage all dieser Menschen liegt in unserer Botschaft, steckt in unserem Glauben, nicht irgendwo tief verborgen, sondern oben drauf, als Markenkern, wie man das heute sagt:

Denn weil die Welt ... Gott durch ihre Weisheit nicht erkannte, gefiel es Gott wohl, durch die Torheit der Predigt selig zu machen, die daran glauben ... Wir ... predigen den gekreuzigten Christus, ... denen ..., die berufen sind, ... predigen wir Christus als Gottes Kraft und Gottes Weisheit[1].

Martin Luthers allbekannte Frage: »Wie bekomme ich einen gnädigen Gott?« hat einen anderen, in nur deskriptiven Sinn moderneren Zungenschlag bekomen: »Wie bekomme ich einen erbarmenden, liebevollen, gütigen, tröstenden Gott?« Nach dreißig Jahren Seelsorge kann ich das nur wenig überspitzt behaupten: In der Volkskirche ist die Frage nach der Sündhaftigkeit schlicht erloschen, das interessiert keinen mehr, darunter leidet niemand. Viel mehr werden die Menschen von der Frage bewegt: Bin ich überhaupt irgendetwas wert? Tauge ich etwas? Und die Antwort der Kirche kann nur lauten: Ecce homo, sieh den Menschen am Kreuz, ein Abbild des Scheiterns und der von Gott zu neuem Leben Erweckte.

Ich bin ja so eine Art Wanderprediger, alle Quartale neu vertrete ich Kollegen, die einen Bildungsurlaub machen. Es ist mir wichtig, allen meinen Konfirmandinnen und Konfirmanden am Ende der letzten Stunde zu sagen: »Ihr seid wichtig. Wir brauchen euch alle.«

Amen.

---

[1] Verse 21-24.

2. Teil: Vorträge

MIRIAM ROSE:
Glaube und Vernunft in lutherischer Perspektive – Ambivalenz, Asymmetrie, Ambiguität

I. Ambivalenz, Asymmetrie, Ambiguität – die Fragestellung

Unter dem Titel »Glaube und Vernunft« kann die ganze Geschichte der europäischen Theologie und Philosophie dargestellt werden[1]. Für die Gegenwart lässt sich spezifischer an die Rede von Joseph Ratzinger in Regensburg[2] oder an Jürgen Habermas' Rede zu Glaube und Wissen[3] denken.
Aus systematischer Perspektive ist die Frage nach dem Verhältnis von Glaube und Vernunft so mehrdeutig, dass die Vorklärungen zur Vereindeutigung der Fragestellung weitaus schwieriger und umfangreicher ausfallen müssten als die Problemerörterung selbst. Einige solcher Fragen, welche einer genauen Vorklärung bedürften, seien eingangs genannt.

---

[1] Etwa JAN ROHLS, Philosophie und Theologie in Geschichte und Gegenwart, Tübingen 2002.

[2] Vgl. BENEDIKT XVI. (= RATZINGER, JOSEF), Glaube, Vernunft und Universität. Erinnerungen und Reflexionen, in: DERS. (HG.), Glaube und Vernunft. Die Regensburger Vorlesung, Freiburg 2006, S. 11-32.

[3] Vgl. JÜRGEN HABERMAS, Glauben und Wissen. Friedenspreis des deutschen Buchhandels 2001, Frankfurt 2002.

1. Welche Vernunft?

Den Optimismus der Aufklärung, dass die Vernunft universal und allen Menschen gleich sei, teilen wir heute nur noch mit Skepsis und Relativierungen. Wir wissen nur allzu schmerzhaft um die Kulturabhängigkeit, Sprachlichkeit, Bildlichkeit, Geschichtlichkeit der Vernunft. Wir wissen darum, dass die Vernunft allen möglichen, inhumanen und humanen Zwecken dienstbar gemacht werden kann, dass durch die Vernunft alles verteidigt und scheinbar plausibilisiert werden kann. Die Vernunft gibt es nie an sich; sondern sie hat immer ein konkretes Subjekt und sie hat ein bestimmtes Objekt; und sie vollzieht sich in einer spezifisch historisch-kulturell-politischen Situation. Die Vernunft spricht eine jeweils bestimmte Sprache.

Und doch sprechen wir in jedem Akt des Argumentierens die anderen auf eine als uns gemeinsam unterstellte Vernunft an. Wir können nicht anders als Übersetzbarkeit zu beanspruchen, so sehr wir um die Unübersetzbarkeit wissen. Auch wer einem anderen zu erklären versucht, dass er selbst für den anderen unverstehbar ist, appelliert an das mögliche, subjektüberschreitende Verstehen.

Eine ihrer vornehmsten Fähigkeiten ist die Kritik und die Selbstkritik. Damit überschreitet die Vernunft gegebene Horizonte und konkrete Situationen. Sie stellt in Frage, sie begnügt sich nicht, sie will mehr verstehen und anderes in den Blick bekommen. Damit ist Vernunft immer auch lästig, unbequem, schmerzhaft, und weitend, befreiend, lichtend.

2. Was ist Vernunft?

Ist Vernunft ein *Vermögen* des Menschen neben Gefühl? Lässt sie sich unterteilen in Vernunft und Verstand? Oder ist Vernunft ein Prinzip? Lässt sie sich mit logischen oder methodischen Regeln beschreiben? Ist sie doch eher eine inhaltlich bestimmte Sicht auf die Welt? Die Begriffe von Vernunft sind so plural wie wissenschaftliche Ansätze. Auch gibt es in der

Gegenwart keine gemeinsam geteilte Anthropologie[4], innerhalb deren die menschliche Vernunft klar zu verorten wäre. Für jeden einzelnen Vernunftbegriff müsste also sein Verhältnis zum Glauben bedacht werden. Das ist deshalb ein aussichtsloses Unternehmen, weil auch der Glaubensbegriff selbst mindestens genauso vielschichtig und variabel gebraucht wird, selbst innerhalb der einzelnen Konfessionen.

3. Wer fragt nach dem Verhältnis von Glaube und Vernunft?

Wer fragt nach dem Verhältnis von Glaube und Vernunft? Ist es die Vernunft? Ist es der Glaube? Ist die Fragegestalt nicht selbst schon vernunftförmig und nur mit Vernunft zu beantworten? Fragt der Glaubende, der auch vernünftig sein will? Fragt der Mensch, der sich selbst als vernünftig versteht, um danach seine Position zum Glauben zu bestimmen? Oder stellt sich eine solche Frage nur für diejenigen, die in sich selbst einen Konflikt oder zumindest ein Problem verspüren? Kann es eine Antwort geben, die nicht parteiisch ist zugunsten von Glauben oder von Vernunft? Oder sind vielleicht auch nur parteiische Antworten weiterführend?

Trotzdem gibt es auch eine wichtige Differenz: es ist vor allem der Glaube, der nach seinem Verhältnis zur Vernunft fragt, weil er danach fragen muss. Jede Bestimmung dessen, was Glaube ist und was es bedeutet, impliziert eine Verhältnisbestimmung zur Vernunft. Für den Glauben hat sein Verhältnis zur Vernunft als konstitutiv zu gelten. Überhaupt gehört es zum Glauben, sich in seinen Verhältnissen und mittels seiner verschiedenen Relationen zu bestimmen zu suchen.

Die Vernunft – was auch immer das ist – fragt auch nach Glaube, Religion, Offenbarung. Aber als einen möglichen Gegenstand ihrer Erkenntnis,

---

[4] Insofern die Rede von Menschenwürde und Menschenrechten eine Anthropologie enthält, gibt es auch einen anthropologischen Minimalkonsens in der Gegenwartskultur. Dieser Minimalkonsens aber impliziert kein Modell von Menschsein, sondern hat gerade darin auch seine verbindende Kraft, dass er für sehr verschiedene anthropologische Modelle und Entwürfe offen ist.

vielleicht sogar als Ergänzung oder als Feind ihrer selbst. Sie fragt jedoch nicht primär nach dem Glauben als einer Größe, zu der sie in einem konstitutiven Verhältnis steht. Ob ein als äußerlich gedachtes Verhältnis der Vernunft zum Glauben, eine mangelnde Selbstaufklärung der Vernunft darstellt, ist wiederum zwischen Glaube und Vernunft strittig.

4. Wie geschichtlich ist das Problem?

Der Titel suggeriert, dass es für den christlichen Glauben ein Verhältnis zur Vernunft gäbe, das sich in einem gewissen Sinne durch alle Epochen durchhält und von ihnen nur variiert wird.

Thomas von Aquin gliedert die Summa contra Gentiles grundsätzlich nach Glaubensinhalten, die mit der Vernunft erwiesen und Glaubenswahrheiten, die nicht vernünftig erwiesen werden können, ohne freilich unvernünftig zu sein. Sein anderes Hauptwerk, die Summa Theologiae, beginnt Thomas mit der Frage, ob neben der philosophischen Gotteslehre überhaupt noch eine theologische Lehre notwendig und sinnvoll sei. Der Bezug zu rein philosophischer Begründbarkeit ist bei Thomas für die Theologie konstitutiv. Dieses konstitutive Verhältnis meint dabei die notwendige Voraussetzung von Vernunftwahrheiten als auch das, was die Vernunft überschreitet. Differenz und Gemeinsamkeit mit der Vernunft sind für die Theologie konstitutiv – nicht das eine oder das andere, sondern beides.

Das ist nun in der Tat epochenübergreifend festzustellen: Die Theologie bedarf zu ihrer Selbstdefinition das Verhältnis zur Vernunft bzw. zu anderen Wissenschaften. Insofern die Rede von Menschenwürde und Menschenrechten eine Anthropologie enthält, gibt es auch einen anthropologischen Minimalkonsens in der Gegenwartskultur. Dieser Minimalkonsens aber impliziert kein Modell von Menschsein, sondern hat gerade darin auch seine verbindende Kraft, dass er für sehr verschiedene anthropologische Modelle und Entwürfe offen ist[5]. Wie dieses Verhältnis defi-

---

[5] Vgl. CHRISTINE AXT-PISCALAR, Was ist Theologie? Klassische Entwürfe von Paulus bis zur Gegenwart, Tübingen 2013.

niert wird, und ob der Abgrenzungs- oder der Öffnungsgestus dominiert, entwickelt sich in größter Vielfalt. So kann die *Frage* nach dem Verhältnis von Glaube und Vernunft epochenübergreifend als zentrale Frage gestellt werden, aber jede Antwort kann im engeren Sinne nur für eine bestimmte Epoche und Glaubensauffassung Gültigkeit beanspruchen. Diese Frage eignet sich daher besonders gut, die Theologiegeschichte nach Epochen und Strömungen zu ordnen und theologische Entwürfe nach Typen zu sortieren.

5. Ist die Frage nach dem Verhältnis von Glaube und Vernunft eine zeitgemäße Fassung des Problems?

Wesentliche Aspekte des Problems werden unter anderen Problemformulierungen verhandelt oder zumindest mitverhandelt. Dazu zählt die Frage nach der Wissenschaftlichkeit der Dogmatik[6] bzw. der Theologie als ganzer, die Frage nach dem Verhältnis von Systematischer Theologie und Religionsphilosophie sowie die Debatten zum epistemischen Status des Glaubens[7] oder der Vernünftigkeit der Religion[8]. Auch die schwierige Bestimmung der Eigenart religiöser Rede und des Status religiöser Begründungen gehören dazu.

Das Problem des Verhältnisses von Glaube und Vernunft stellt sich meines Erachtens immer konkret und nimmt dann eine spezifische Fas-

---

[6] Vgl. WOLFHART PANNENBERG, Wissenschaftstheorie und Theologie, Frankfurt a. M. 1973; GERHARD SAUTER, Wissenschaftstheoretische Kritik der Theologie: die Theologie und die neuere wissenschaftstheoretische Diskussion. Materialien, Analysen, Entwürfe, München 1973; CHRISTOPH SCHWÖBEL, Doing Systematic Theology (1987), in: DERS. (HG.), Gott in Beziehung, Tübingen 2002, S. 1-24; MATTHIAS PETZOLDT (HG.), Theologie im Gespräch mit empirischen Wissenschaften, Leipzig 2012.

[7] Vgl. exemplarisch: HEIKO SCHULZ, Theorie des Glaubens, Tübingen 2001; HANS JOAS (HG.), Was sind religiöse Überzeugungen? Göttingen 2003.

[8] Vgl. JAN ROHLS, Offenbarung, Vernunft und Religion, Tübingen 2012; JÖRG LAUSTER / BERND OBERDORFER (HG.), Der Gott der Vernunft. Protestantismus und vernünftiger Gottesgedanke, Tübingen 2009.

sung an, die sich begrifflich meist einer der genannten Fragen zuordnen lässt. Im Konkreten erweist sich die Frage dann als besonders komplex, dringlich oder gar schmerzhaft. Als Beispiele sind zu nennen: die Frage des Verhältnisses von Evolutionstheorie und biblischem Schöpfungsglauben, Bewertung von gleichgeschlechtlichen Lebensformen, die Frage nach der Historizität der Auferstehung Jesu von Nazareth oder auch die Frage nach Möglichkeit und Sinn des Fürbittgebetes.

Doch hängen diese verschiedenen Fragen und Probleme zusammen und so ist es sinnvoll, sich diesem Problem in seinem ganzen Umfang und seiner Grundsätzlichkeit zu stellen. Für dogmatische Urteilsbildung präferiere ich ein Verfahren, das die meisten Theologen auf je ihre Weise geübt haben und das ich mit einem Begriff des Philosophen John Rawls »Überlegungsgleichgewicht«[9] nennen möchte. Das meint, dass von jedem konkreten Problem, genauer von jedem konkreten Urteil ausgehend, das Ganze und Prinzipielle bedacht wird. Daran werden zugleich die prinzipiellen Aussagen (Vorstellungen) bewährt und weiterentwickelt, während umgekehrt die Einzelprobleme von daher neue Klärungen erfahren. Das führt zu einem Wechselgang zwischen Abstraktion und Konkretion, welcher tragfähige Zwischenergebnisse hervorbringt, wobei sich in diesem Prozess mehr die Vorstellungen oder mehr die konkreten Urteile ändern können.

Daher ist es sinnvoll, die sehr allgemeine Frage nach dem Verhältnis von Vernunft und Glaube zu stellen, solange man die konkreten Einzelprobleme nicht ausklammert und überfliegt, sondern gerade sie auch bedenkt und sich auf sie einlässt. In einem Bild: Im ständigen Wechsel zwischen Nahaufnahme und Weitwinkel-Großaufnahme ergibt sich ein möglichst tiefenscharfes Bild.

---

[9] Vgl. JOHN RAWLS, Eine Theorie der Gerechtigkeit, Frankfurt a.M. 1975, S. 68-70.

6. Muss das Verhältnis zwischen Glaube und Vernunft konfliktfrei sein?

Zum Verhältnis von Glaube und Vernunft gibt es viele Missverständnisse, polemisch verhärtete Fronten und Unterstellungen. Sie verhindern, die wirkliche Tiefe des Problems zu erkennen[10]. Einer dieser Scheinkonflikte ist die falsche Identifizierung von Vernunft mit Rationalismus und Glaube mit Irrationalismus, eine Identifizierung, die von beiden Seiten mit wechselnden Wertungen vorgenommen werden kann. Schlagwortartig stehen dafür Wendungen wie »credo quia absurdum«.

Ein anderer harter Konflikt, der es eher mit Selbstmissverständnissen zu tun hat, besteht in der Auseinandersetzung zwischen einer naturwissenschaftlich-positivistisch verengten Vernunft und einem biblizistisch-offenbarungspositivistischen Glauben. Dieser Konflikt lässt sich besonders gut an den Debatten zur Evolutionstheorie versus Kreationismus in den USA studieren.

Oft geht es bei dieser Art von Konflikten auch um negative Erfahrungen mit der Institution Kirche (oder mit dem Staat) und um politische Ängste vor zu viel Einfluss der Kirchen (oder des Staates) auf das gesellschaftliche Leben. Das Thema ist darin überhaupt auch ein Thema von unruhig stimmenden Ängsten. Angst deshalb, weil wir Menschen des 21. Jahrhunderts die entfesselte instrumentelle Vernunft fürchten, die in den Diktaturen die effektivsten Foltermethoden (und nicht nur in Diktaturen) ersinnt und die technischen Fortschritt erzwingt ohne Rücksicht auf menschliches Leben, auf individuelle Würde und auf kulturelle Traditionen und gewachsene Gemeinschaften. Wir haben nur allzu genaue Vorstellungen, wohin eine rein instrumentelle Vernunft führen kann und wie sehr sie unsere Lebensgrundlagen bedroht. In der Geschichte des 20. Jahrhunderts haben totalitaristische Staaten, hat das nationalsozialistische Deutschland technische Rationalität für die größten Verbrechen gegen die Menschlichkeit perfektioniert. Die Verführbarkeit oder Bestechlichkeit führender Intellektueller im Nationalsozialismus hat den Glauben an die humane Kraft der Ver-

---

[10] Siehe dazu GERHARD EBELING, Dogmatik des christlichen Glaubens, I, Tübingen ²1982, S. 152-154.

nunft mehr als geschwächt. Die Hoffnung auf die doch auch humane Bedeutung der Vernunft lebt von den Menschen, die Widerstand geleistet oder inmitten inhumanster Bedingungen durch ihr Leben die Kraft von Kunst, Literatur und humanem Ethos bezeugt haben[11].

Aber wir fürchten auch religiösen Fanatismus, der keine Einrede durch Vernunft und Wissenschaft duldet, der sich gegen die Moderne stellt und in der Ablehnung der Vernunft das eigentlich Religiöse zu finden meint. Ein solcher Fanatismus findet sich in beinahe allen Religionen; werden solche fanatischen religiösen Strömungen politisch instrumentalisiert, dann gefährden sie massiv den Frieden und die interkulturellen Verständigungen.

Hier zu Klärung und nötigen Differenzierungen zu verhelfen, ist eine wichtige Aufgabe von wissenschaftlicher Theologie. Aber nur wenn Theologie Ängste, Vorbehalte von Nicht-Christen gegenüber Religion ernstnimmt und selbstkritisch mit ihrer eigenen Geschichte umgeht, kann Theologie ihre aufklärende öffentliche Funktion angemessen wahrnehmen.

Das Problem des Verhältnisses von Glaube und Vernunft umfasst eigentlich das Ganze der Theologie und müsste eine ganze Theologie darstellen. Nicht ein Detailproblem und ein Teilgebiet der Theologie stehen in Frage, sondern die Möglichkeit von Theologie, ihr Sinn und ihre Aufbaumomente.

Zum Ausgangsfeld meiner Überlegungen möchte ich Gerhard Ebeling nehmen, dessen Analysen mir besonders anregend erscheinen, weil sie erwartbare Schemata unterlaufen. Auf seine Gedanken will ich aufbauen und manche seiner Thesen weiterdenken. In einem dritten Teil werde ich die spezifisch gegenwärtige Situation des Verhältnisses von Glaube und Vernunft in europäischen Gesellschaften beleuchten. Eine theologische

---

[11] Das stellt die Frage, wie tragfähig und orientierungsfähig eine Vernunft ist, die sich nicht mit ästhetischen oder religiösen Gehalten verbindet. Bewegende Zeugnisse sind neben den allbekannten zum Beispiel auch JAN GEURT GAARLANDT (HG.), Das denkende Herz. Die Tagebücher von Etty Hillesum. 1941–1943, Reinbek 1985; CAROLINE STOESSINGER, A Century of Wisdom. Lessons from the Life of Alice Herz-Sommer, London 2012.

Deutung prinzipieller Art formuliere ich im vierten Teil, um am Schluss eine Zusammenfassung in wenigen Thesen zu geben.

II. Ambivalenz, Glaube und Vernunft des sündigen Menschen

1. Ebelings Sicht der Relation von Glauben und Denken

Gerhard Ebeling (1912–2001) bedenkt auf eine besonders eindringliche Weise das Verhältnis von Glaube und Vernunft. Die Stärke seines Entwurfs sehe ich darin, dass er das Verhältnis allgemein anthropologisch fundiert, dass er Vernunft und Glaube in keiner Weise als Alternative sieht und gerade deshalb den Konflikt in seiner eigentlichen religiösen Bedeutung verstehen kann. Vorgestellt wird im Folgenden seine Gedankenbewegung in seinem Werk »Dogmatik des christlichen Glaubens«, welche er im Zusammenhang seiner Vorlesungen vom Sommersemester 1976 bis zum Wintersemester 1977/78 konzipierte[12]. Über die engeren fachdogmatischen Diskussionen zielt Ebeling auf eine allgemein verständliche Rechenschaft über den Glauben. Luther und Schleiermacher bilden den »Resonanzraum«[13] von Ebelings Gedanken. Der Aufbau ist trinitarisch organisiert, indem Ebeling nach den relativ knappen Prolegomena zunächst den Glauben an Gott den Schöpfer der Welt, dann den Glauben an Gott

---

[12] Dazu und zum Folgenden ALBRECHT BEUTEL, Gerhard Ebeling. Eine Biographie, Tübingen 2012, S. 421-434. Wichtige Rezensionen des Werkes haben EBERHARD JÜNGEL, Gerhard Ebelings ‚Dogmatik des christlichen Glaubens', in: NZZ vom 5./6.4.1980, S. 54) und CHRISTIAN LINK, Aus existentieller Betroffenheit. Gerhard Ebelings Rechenschaft über den Glauben, in: LM 19 (1980), S. 409-411, verfasst. Mit Recht wird dieses Werk als das »dogmatische Hauptwerk der Hermeneutischen Theologie« bezeichnet – so MARTIN LEINER, Art. Dogmatik des christlichen Glaubens, in: Lexikon der theologischen Werke, hg. von MICHAEL ECKERT U.A., Stuttgart 2003, S. 244 f., hier S. 244.

[13] Diese sehr treffende Formulierung findet sich bei ALBRECHT BEUTEL, Gerhard Ebeling. Eine Biographie, Tübingen 2012, S. 424.

den Versöhner der Welt und dann den Glauben an Gott den Vollender der Welt darstellt. In jedem dieser drei Teile fragt Ebeling nach Gott, der Welt, dem Menschen und dem Glauben als den syntaktischen Elementen jeder Glaubensaussage, wobei der Glaube die Art der Verbindung dieser syntaktischen Elemente ausdrückt[14]. So beginnt auch der erste Teil mit einer Reflexion auf den Glauben hinsichtlich seiner Relationen zum Leben, zur Religion und zum Denken.

Ebeling fasst das Problem der Relation von Glauben und Denken in anthropologischer Hinsicht, indem er Glaube und Vernunft als Grundeinstellungen des Menschen zur Wirklichkeit versteht[15]. Besonders ist an Ebelings Zugangsweise nun, dass Glaube und Vernunft keine alternativen Grundeinstellungen des Menschen bezeichnen, zwischen denen Menschen sich entscheiden müssten oder in denen sie sich vorfinden würden. Ebeling bestimmt Glaube und Vernunft als zwei Wirklichkeitseinstellungen des Menschen, die jeder Mensch notwendig vollzieht, wenn er sich zur Wirklichkeit in ein Verhältnis setzt. Zum einen fokussiert jeder Mensch das Abstrakte; er fragt nach den Grundstrukturen von Wirklichkeiten, die für alle gelten und die auch unabhängig von ihm selbst gelten. Ebenso notwendig zentriert der Mensch sich aber auch auf das Individuelle, auf das für ihn Gültige und Besondere, auf das Konkrete, in dem er sich vorfindet.

Vernunft und Glauben sind für Ebeling daher nicht vermögenstheoretisch oder weltanschaulich definiert, sondern als Prinzipien der Wirklichkeitsrelation des Menschen. Damit fasst er sie zunächst rein formal, wobei über diese formal gefassten Prinzipien schon entschieden ist, was an der Wirklichkeit jeweils überhaupt in den Blick kommen kann. Klar ist damit auch, dass der Status der Theologie damit nicht mehr klar dem einen oder dem anderen zugeordnet werden kann. Zunächst sei nun etwas genauer Ebelings Vernunftbegriff, und dann seine Glaubensbestimmung bedacht. Vernunft im Sinne von Rationalität umfasst nach Ebeling drei Merkmale: Transsubjektivität, Abstraktion und Autonomie.

---

[14] GERHARD EBELING, Dogmatik des christlichen Glaubens I, Tübingen ²1982, S. 73.
[15] A.a.O. S. 151.

Das Individuum abstrahiert im Erkennen sowohl von seiner eigenen Individualität als auch von der des Erkenntnisobjektes. Auf diese Weise bildet der Erkennende Begriffe und wendet Begriffe an. Das Einzelne interessiert nur über seine Teilhabe an Allgemeinem und hinsichtlich seiner Subsumierbarkeit unter Allgemeinbestimmungen. Auf diese Weise trägt der Erkennende bei zu allgemeinverbindlichen Verständigungsprozessen, die auf transsubjektive Gültigkeit zielen. Hier geht es um eine menschheitliche Gemeinschaftlichkeit, eine immer unterstellte menschheitliche Gemeinschaftlichkeit, die gerade im Absehen von individueller Besonderheit besteht und die auf die Gleichheit aller Erkenntnissubjekte abzielt. Autonomie kommt der Vernunft zu, insofern sie die Abhängigkeit von allem Individuellen, Konkreten, Besonderen zu überwinden sucht, um nur das Allgemeine und Allgemeingültige zu formulieren, das, was methodisch nachprüfbar, wiederholbar, nachvollziehbar ist. Verbindlichkeit kann es als Vernunft nur geben als Allgemeinheit. Nur was für alle (mit einem bestimmten Merkmal) als gültig erkannt wird, kann auch für den Einzelnen (mit diesem bestimmten Merkmal) gelten.

Glaube kommt im Unterschied dazu als das Sichverhalten des Menschen zur Geltung, das gerade auf das Individuelle aus ist, auf die Konkretion und auf die Externbezüge des Menschen. Das Subjekt ist hierbei gerade als Individuum einbezogen und getroffen. Es weiß sich in seiner Besonderheit gemeint und herausgefordert. Damit richtet sich das glaubende Erkennen gerade auf das Einmalige und Konkrete einer Situation, und nicht auf dessen abstrahierbare Merkmale. Unterschiede und nicht Gemeinsamkeiten, Details und nicht Grundstrukturen bilden den Fokus. Darin ist der Glaube auch den »Externbezügen zugeordnet, die ein Bewegtwerden des Menschen im Innern und die Frage seiner Abhängigkeit von anderem betreffen.«[16] Hier verortet Ebeling die Gefühle des Menschen: Vertrauen und Verzweiflung, Liebe und Angst, Vertrauen und Einsamkeit. Was dem Menschen seine Individualität erfahrbar macht, sind für Ebeling also sowohl die Lebensgeschichte als auch die Gefühle. Ob Gefühle selbst immer zu individualisieren bzw. individuell verfasst sind, sei

---

[16] A.a.O. S. 151.

an dieser Stelle kritisch angefragt. Können massive Gefühle, wie zum Beispiel Angst, Panik, Wut, nicht auch entindividualisieren bzw. bedürfen gerade solche Gefühle nicht des mühsamen Prozesses einer individuellen Aneignung? Gefühle binden an die leibhafte, konkrete Gegenwart – aber wie der Körper sind Gefühle etwas, das wir haben, ohne es loswerden zu können, dem wir aber auch gegenüber stehen und das wir als fremd und störend deuten können. Für Ebeling gehören Gefühle also dem Individuellen des Menschen, damit zu dem, was der Mensch im Glauben erfasst und wie sich sein Glaube vollzieht.

2. Glaube und Vernunft als Grundeinstellungen zur Wirklichkeit

Das Gemeinsame von Glaube und Vernunft nach Ebeling besteht darin, dass sie zwei Grundeinstellungen des Menschen zur Wirklichkeit darstellen. Ebeling bezeichnet das Gegenüber auch durch die Begriffspaare Wissen und Gewissen, Haben oder Sein, Produzieren oder Empfänglichkeit. Dieses Zueinander bestimmt Ebeling als zwei Pole des einen Menschseins. Daher gehört ihr Bezug aufeinander jeweils zum Menschsein dazu. Dieses Konzept von Ebeling hat mehrere Konsequenzen:

(a) Vernunft und Glaube gehören zu jedem Menschsein. Das heißt dann auch, jeder Mensch lebt zumindest in Ansätzen etwas, das Glaube ist oder die Funktion von Glauben hat, sofern der Mensch sich eben auf Individuelles als Individuelles bezieht.

(b) Aus sich heraus widersprechen sich Vernunft und Glaube in keiner Weise, sondern ergänzen einander und sind aufeinander angewiesen. Beide gemeinsam stellen den Menschen auf spezifisch menschliche Weise in seine Welt. Das eine kann nicht ohne das andere sein. Daher sind sie füreinander aufgeschlossen, aneinander interessiert und daran interessiert, dass die Vernunft wirklich vernünftig und der Glaube wirklich individuell ist. In Ebelings Worten ausgedrückt: »Denn wem es um den Glauben zu tun ist, dem sollte es auch um den rechten Gebrauch der Vernunft zu tun sein; und wer für die Vernunft eintritt, sollte sich in Offenheit für die Phänomene auch um ein rechtes Verständnis des Glaubens bemühen.«[17]

(c) Das Verhältnis von Glaube und Vernunft hängt beim einzelnen Menschen davon ab, wie die Vernunft selbst sich zur Differenz von Allgemeinem und Individuellem verhält und wie der Glaube die Rolle des Einzelnen im Gegenüber zur Gemeinschaft der Kirche und zur Menschheit versteht. Da können außerordentlich spannende und auf den ersten Blick überraschende Konstellationen entstehen. Eine radikal postmodern interpretierende Vernunft kann sich so sehr gut mit einer streng hierarchischen und traditionellen Liturgie in der katholischen Kirche verbinden.

(d) Ebelings Bestimmung intendiert bewusst, die Problemlage der Neuzeit, oder genauer der Moderne, zu erfassen. Das Verhältnis von Allgemeinem und Individuellem ist zwar so alt wie die Philosophie, aber erst seit und nach der Aufklärung wird die Bedeutung und der Wert des Menschen als Individuum in dieser Radikalität betont und seiner Allgemein-Natur gleich, wenn nicht übergeordnet. Ebeling selbst denkt den Menschen als Individuum, das auf Allgemeines aus ist, und nur so Individuum sein kann, das aber nur so auf Allgemeines aus sein kann, dass es sich auch an den jeweiligen anderen Individuen orientiert und sich auf sie bezieht.

3. Der Konflikt innerhalb der Vernunft und innerhalb des Glaubens

Nun aber zum Entscheidenden. Gibt es für Ebeling einen wirklichen Konflikt? Und wenn ja, worin besteht er?

Eine »furchtbare Realität«[18] und ein »ungeheuer schwerwiegender Sachverhalt«[19] ist dieser Konflikt laut Ebeling. So ernst wie den Tod, so lebensbedrohend und abgründig sieht Ebeling diesen Konflikt. Dieser Konflikt tobt im Eigentlichen nicht zwischen Glaube und Vernunft, sondern inner-

---

[17] A.a.O. S. 153.
[18] A.a.O. S. 155.
[19] A.a.O. S. 155.

halb der Vernunft und innerhalb des Glaubens: »Die Vernunft als solche ist ständig von Unvernunft bedroht und ebenso der Glaube als solcher ständig vom Unglauben.«[20] Im Zeichen der Vernunft handelt und bewirkt der Mensch höchst Unvernünftiges. »Was hat es damit auf sich, daß die geistige Fähigkeit des Menschen, die ihn vom Tier unterscheidet, in sich selbst derart gespalten sein kann und in einen geradezu mörderischen Widerspruch mit sich selbst führt?«[21] Strukturanaloges gilt für den Glauben: Glaube kann die Form eines »verheerenden Irrglaubens«[22] annehmen oder umgekehrt kann sich unter Glaube völliger Unglaube verbergen. Glaube vollzieht sich in der beständigen Anfechtung von Unglauben, wobei Glauben und Unglauben schwer auseinander zu halten sind.

Die faktischen Vollzüge von Glaube und Vernunft sind beständig von ihrer eigenen Verkehrung bedroht und von ihr geprägt. Damit umschreibt Ebeling die christliche Rede von der Sünde. Das eigentliche Drama des Menschen besteht also im Verhältnis von Glaube und Vernunft unter den Bedingungen der Sünde: »Unter der Sünde als der Macht, welche die Lebenssituation des Menschen faktisch bestimmt, widersteht die Vernunft dem einzigen, was dem Menschen unter der Macht der Sünde Freiheit gewährt, dem wahren Glauben.«[23]

Hier führt Ebeling ein neues Stichwort ein: wahrer Glaube. Damit verlässt er die abstrakten anthropologischen Strukturen. Wenn der Glaube das individuelle Verhalten zu den konkreten und besonderen Bezügen des eigenen Lebens ist, dann sind auch die Inhalte des Glaubens jeweils individuell, konkret und besonders, also auch in keiner Weise allgemein zu deduzieren. Wenn Ebeling nun vom wahren Glauben spricht, meint er nun einen ganz bestimmten Glauben, nämlich den christlichen Glauben an den rechtfertigenden Gott. Zu diesem wahren Glauben gehört fundamental die Einsicht in die eigene Sünde und die Angewiesenheit auf die bedingungslose Gnade Gottes. Das Drama besteht nun also darin, dass das von Unver-

---

[20] A.a.O. S. 155.
[21] A.a.O. S. 156.
[22] A.a.O. S. 156.
[23] A.a.O. S. 156.

nunft geprägte Vernünftigsein des Menschen dessen existentielles, individuelles Wirklichkeitsverhältnis von der Einsicht in seine eigene Sündhaftigkeit und Gnadenabhängigkeit abhält. Die Unvernunft hält also den Unglauben davon ab, sich selbst als Unglaube zu erkennen. Beim Verhältnis von Vernunft und Glaube ist das eigentliche Problem also die Unvernunft in ihrer Verwechselbarkeit mit der Vernunft und der Unglaube in seiner Verwechselbarkeit mit dem Glauben. Vernunft vollzieht sich immer zugleich auch verbunden mit Unvernunft, und der Glaube tritt immer nur verbunden mit dem Unglauben in Erscheinung. Glaube und Vernunft steigern sich einander gegenseitig in ihrer Ambivalenz. Nach Ebeling müsste die Fassung des Problems lauten: Unvernunft und Unglaube, oder noch genauer: Glaube und Vernunft des Menschen in seiner Ambivalenz. Die implizite Reformulierung von Sünde als Ambivalenz erscheint mir als eine der ganz großen Stärken Ebelings – worin er freilich nicht allein steht. Die Vernunft des Menschen, welche die allgemeinen Menschenrechte in Deklarationen formuliert und politisch erkämpft hat, ist zugleich die Vernunft, mit welcher der Mensch die physikalischen Gesetze zum Bau von Konzentrationslagern und Gaskammern anwendet. Es gibt kein formales Kriterium, um Vernunft von Unvernunft oder Glaube vom Unglauben zu unterscheiden; daher bleibt die Ambivalenz auch darin ambivalent, als sie sich konkret kaum präzise als eine solche bestimmen lässt. Und noch schärfer: mit jeder Vernunft wird auch unvernünftig umgegangen und jeder Glaubensvollzug kann sich über sich selbst täuschen. Ob da die Vernunft dem Glauben, oder die Unvernunft dem Unglauben zu Hilfe kommt, ist letztlich nicht weder aus der Beobachter- noch aus der Beteiligungsperspektive anhand von Kriterien auszumachen. Doch der Glaube braucht die Vernunft, um sich mit dem Unglauben auseinanderzusetzen, und die Vernunft braucht den Glauben, um ihrer Gefahren von Unvernunft innezuwerden. Dem Thema Sünde kommt hier wie auch in der ganzen Dogmatik Ebelings eine funktionale und inhaltliche und darin »einzigartige Schlüsselstellung«[24] zu. Die Erkenntnis der Sünde unterscheidet die Perspektive des Glaubens von allen anderen Perspektiven auf

---

[24] A.a.O. S. 362.

die anthropologischen Grundbestimmungen. So ist auch – aus der Sicht des Glaubens – das Verhältnis von Glaube und Vernunft nur dann angemessen verstanden, wenn es als auf den Mensch als Sünder als den Menschen in seiner faktischen Verfassung bezogen wird. Nur darf die Sünde nicht einseitig der Vernunft als ihre Vollzugsbedingung zugerechnet werden, sondern genauso auch dem Glauben. Die Differenz von Glaube und Sünde betrifft sowohl die Vernunft als auch den Glauben. Daraus ergibt sich jedoch das begriffliche Problem, dass der Ausdruck »Glauben« dadurch in einem missverständlichen Sinne mehrdeutig wird.

In der Sünde selbst tritt nun ebenfalls die Doppelbestimmung von Allgemeinheit (im Sinne von Universalität) und Individualität auf. »Die Lage, in der sich ausnahmslos alle befinden, ist nur dann erfaßt, wenn ich mich selbst so darin weiß, als befände allein ich mich darin.«[25]

Der ambivalenztheoretische Sündenbegriff ermöglicht somit eine komplexe Problembeschreibung im Verhältnis von Vernunft und Glaube, welche die Flucht verwehrt in eine solche scheinbare und scheinbar fromme Eindeutigkeit, die Scheinkonflikte austrägt statt schmerzhafte Einsicht in die Ambivalenz aller eigenen Vollzüge auszuhalten.

Ebeling hat das Problem des Verhältnisses von Vernunft und Glaube im Horizont des 20. Jahrhunderts formuliert. Im Folgenden will ich noch weiter diesen Horizont des 20./21. Jahrhunderts betrachten und fragen, worin die ganz spezifischen europäischen Rahmenbedingungen für die Problematik im Verhältnis von Glaube und Vernunft bestehen. Dazu will ich religionssoziologische Analysen mit deren eigener Terminologie einbringen.

III. Asymmetrie, Glaube und Vernunft in der europäischen Moderne

Drei Faktoren halte ich für besonders relevant, will man die Rahmenbedingungen für das Verhältnis von Vernunft und Glauben in der euro-

---

[25] A.a.O. S. 363.

päischen Moderne beschreiben. Diese Rahmenbedingungen sorgen für ganz spezifische Asymmetrien, die sich auch auf das Selbstverständnis glaubender Menschen auswirken.

(a) Der öffentlich-gesellschaftliche Austragungsort von Konflikten zwischen Glaube und Vernunft hat sich in Deutschland fast ganz in die ethischen Debatten verlagert, was zu eigentümlichen Asymmetrien in der öffentlichen Wahrnehmung von religiösen Begründungen gegenüber nicht-religiösen Begründungen führt (siehe 1. Ethisierung).

(b) Die Säkularisierung (in einem bestimmten Sinn) hat den Zugang zur Religion und zum christlichen Glauben erschwert, so dass eine Asymmetrie besteht zwischen einer säkularen und einer religiösen Lebensoption (siehe 2. Säkularisierung).

(c) Die Fragilisierung des Glaubens infolge der Pluralisierung der Gesellschaft bedeutet eine asymmetrisch verteilte Begründungslast zwischen religiösen und nicht-religiösen Überzeugungen (siehe 3. Fragilisierung des Glaubens).

Diese drei Aspekte seien nun etwas näher erläutert.

1. Ethisierung

Ethisch-rechtliche Fragen provozieren die eigentlichen sozial relevanten Konflikte zwischen Glauben und Vernunft. Nicht die theoretische Vernunft, sondern die praktische Vernunft streitet (noch) mit dem Glauben. Bei dem ethischen Streit geht es nicht um Weltanschauung, sondern um Menschenbilder und deren Begründung. Wenn um die rechtliche Freigabe von Präimplantationsdiagnostik gestritten wird, dreht es sich zugleich immer um die grundsätzliche Frage, was Menschsein ausmacht, welchen Sinn es hat und worin die menschliche Freiheit besteht.

Was bedeutet das für das Verhältnis von Vernunft und Glaube (bzw. für den Glauben), dass sich die öffentlichen Konflikte, an denen Religion thematisiert werden, ganz auf das Ethische konzentrieren?

Zunächst entsteht eine eigenartige Asymmetrie in der Wahrnehmung: Religion und Glauben plädieren fast immer für strengere Regelungen, für mehr Einschränkungen der menschlichen Handlungsspielräume. Mit ihren Inhalten und Begründungen kommen sie kaum zu Gehör. Sie erscheinen – ob positiv oder negativ – als Bedenkenträger, als konservativ und einengend, als irgendwie prinzipiell gegen menschliche Freiheit gerichtet. Gegenpositionen kommen entsprechend auch nicht über ihre Begründungen, sondern über ihren Freiheitsgestus und Selbstbestimmungsgestus in den Blick. Die ethischen Debatten erscheinen so oft als Streit über den *Spielraum* menschlicher Freiheit – während eigentlich das Grundverständnis menschlicher Freiheit und deren humane Vollzugsformen umstritten sind. Das eigentlich Religiöse am Religiösen kommt so gar nicht in den Blick, sondern wird verstellt.

Ein zweiter Aspekt ist vielleicht noch entscheidender: Das Bedeutungsvollste drücken wir in unserer Gesellschaft in moralischen Kategorien aus. Die Art und Weise, wie wir Unbedingtes, Existentielles und Verbindliches ausdrücken, ist moralisch. Die Amerikanerin Susan Neiman hat dazu ein erhellendes Buch geschrieben mit dem Titel »Moralische Klarheit«. Ihre Grundthese lautet: »Das fundamentalste und erstaunlichste Bedürfnis ist allerdings, dass wir die Welt mit moralischen Kategorien betrachten wollen. Diese Bedürfnisse gründen in der Struktur der Vernunft. Religion oder Gefühle mögen sie zwar fördern, aber sie werden durch sie nicht lebendig gehalten.«[26] In diesem Buch beschreibt sie Moralität mit all den traditionellen Konzepten, wie man sich das Christentum als Religion vorstellen würde: es gibt eine Narration, es ist von Quellen die Rede, es gibt Heilige bzw. Vorbilder, es gibt die Probleme, wie sich die Vernunft einbinden lässt, es geht um Verbindlichkeit, den Einzelnen und die moralische Gemeinschaft. Es handelt sich um Moralität als umfassende Lebensform, die religionsanalog strukturiert ist. Konsequenterweise geht Neiman auch davon aus, dass Religion aus Moral entsteht[27].

---

[26] SUSAN NEIMAN, Moralische Klarheit, Hamburg 2010, S. 14. Sie macht diese ihre These auch fruchtbar für politische Analysen; so schreibt sie: »Barack Obamas Fähigkeit, moralische Bedürfnisse anzusprechen, war der Schlüssel zu seinem unwahrscheinlichen Erfolg im Jahre 2008.«, a.a.O. S. 16.

[27] »Die Religion ist eher eine Weise, den moralischen Begriffen, die wir schon mitbringen, Gestalt und Struktur zu verleihen.« SUSAN NEIMAN, Moralische Klarheit, Hamburg 2010, S. 363.

Die Unbedingtheit, mit der manche Menschen sich von einzelnen moralischen Anliegen, wie Internationale Gerechtigkeit, Gendergerechtigkeit, Nachhaltigkeit, medizinische Hilfe für die Ärmsten der Welt, in Anspruch nehmen lassen oder in Anspruch genommen sind, ist kaum von einer unbedingten Bindung an Gott und damit von Religion zu unterscheiden. Dazu wäre viel zu sagen und zu fragen. Zu kurz gegriffen wäre es, dies umstandslos als Selbstrechtfertigung und Werkgerechtigkeit abzutun. In diesem Zusammenhang wichtiger ist: Moral als Unbedingtheitserleben erschwert den Zugang zu Religion, zu Gott, zum christlichen Glauben. Positiv gewendet: der Zugang zum Unbedingten und zu Gott öffnet sich für viele Menschen der Gegenwart über Moral. Insbesondere in Ostdeutschland erlebe ich es, dass humanistisch idealistische Lebenskonzepte wirklich attraktiv sind für Menschen. Christliches Leben sollte sich vor allem damit auseinandersetzen. So lautet in vielen Lebenskontexten der sachlich zutreffende Titel eigentlich nicht Glaube und Vernunft, sondern Vernunft, Glaube und Moral.

2. Säkularisierung

Säkularisierung ist das unter Religionssoziologen zur Zeit am meisten gebrauchte und zugleich umstrittenste Konzept, um die religiöse Situation der westlichen Moderne zu erfassen[28]. Säkularität kann das Phänomen bezeichnen, dass Religion und Glaube in der Öffentlichkeit nur noch eine geringe oder zumindest eine abnehmende Bedeutung spielen. Säkularität kann aber auch meinen, dass weniger Menschen sich selbst als religiös verstehen. Charles Taylor hat eine eigene Analyse dazu vorgelegt, wie sich die Bedingungen des Glaubens in der Moderne radikal verändert haben. Für ihn ist gesellschaftlich der Verlust an selbstverständlicher Transzendenz am prägendsten.

---

[28] Einen historisch angelegten Überblick gibt KARL GABRIEL U.A. (HG.), Umstrittene Säkularisierung. Soziologische und historische Analysen zur Differenzierung von Religion und Politik, Berlin 2012. Zur historischen und gegenwartsdiagnostischen Verständigung ist es wesentlich, verschiedene Aspekte von Säkularisierung genau zu unterscheiden.

Charles Taylor spitzt seine Deutung anhand folgenden Befundes zu: Um 1500 war es für Menschen eigentlich unmöglich, Gottes Existenz nicht anzunehmen – während es in der Gegenwart zumindest für die meisten westlichen Intellektuellen schwierig ist, mit Gottes Existenz zu rechnen oder seine Existenz zumindest als Option zu betrachten[29]. Wie ist das möglich und was bedeutet das für religiöse Menschen?

In diesen Jahrhunderten gelangten »wir zu einer Vorstellung, der zufolge sich unser Leben im Rahmen einer unabhängigen, immanenten Ordnung abspielt beziehungsweise im Rahmen einer Konstellation von kosmischen, sozialen und moralischen Ordnungen.«[30]

Auf diese Weise entsteht der immanente Rahmen des gegenwärtigen gesellschaftlich-kulturellen Lebens, das als aus sich heraus verstehbar betrachtet wird. Dieser immanente Rahmen ist nun zwei grundsätzlich verschiedenen Deutungsmöglichkeiten zugänglich: Er kann als offen und durchlässig verstanden werden – von religiösen Menschen. Er kann aber auch als abgeschlossen immanent betrachtet werden. Durch bestimmte Entwicklungen setzt sich in bestimmten Kulturen aber das Bild des geschlossenen Rahmens durch. Es ist als Bild gegenwärtig, und nicht als Ergebnis eines Deutungsprozesses, zu dem es auch andere Alternativen gäbe. Und dieses Bild kann – so Taylor – gefangen halten. Das Bild grundiert dann alle Weltwahrnehmungen und Weltempfindungen. Es kann aber durch Weltwahrnehmungen selbst kaum infrage gestellt werden, weil alle Weltwahrnehmungen immer schon durch Grundbilder von Welt ermöglicht werden. Die Deutung des Rahmens hängt stark vom dem sozialen Kontext ab, in dem man lebt und denkt. Dieses Bild des geschlossenen Rahmens ist entstanden durch das Idealbild des »desengagierten, objektivierenden Subjekts«[31]. Tendenzen zum Glauben werden als regressive Kindlichkeit, als Unreife und Trostsucht bewertet, während ein geschlossenes Weltbild ohne Religion als reife Wirklichkeitssicht und als besonders human gilt. Die Entscheidung zwischen Religion oder Nichtreligion stellt

---

[29] Vgl. CHARLES TAYLOR, Ein säkulares Zeitalter, Berlin 2012, S. 15, S. 51.
[30] A.a.O. S. 905.
[31] A.a.O. S. 934.

sich als eine moralisch-psychologische Entscheidung, in welcher der Mensch sich zwischen regressiver Kindlichkeit und Reife, zwischen Feigheit und Mut zu verorten hätte[32]. Das verbindet sich laut Taylor für das kulturelle Selbstverständnis mit einer problematischen Analyse der Moderne, wonach Gottesglaube und wirkliche Moderne einander ausschließen. Der Mensch hätte nur die Wahl, wirklich modern zu sein oder an Gott zu glauben. Das hat zur Konsequenz, dass in bestimmten sozialen oder intellektuellen Milieus es unvorstellbar wird, an Gott zu glauben oder dies als eine ernsthafte Option zu betrachten. Die Asymmetrie zwischen religiösen und nicht-religiösen Lebensoptionen hat sich also radikal verändert, zugunsten nicht religiöser Lebensoptionen bis dahin, dass es viele kulturelle Milieus und Menschen gibt, »denen der Glaube nicht einmal eine in Frage kommende Möglichkeit zu sein scheint.«[33]

Wenn man Taylors Analyse der Vorherrschaft des Bildes vom geschlossenen Rahmen folgt, bedeutet das zunächst, dass es für die Vernunft sehr schwer wird, zur Religion zu finden bzw. aus einer religiösen Haltung heraus wirklich zu denken oder diese für denkbar zu halten. Man könnte aber auch fragen, ob nicht durch das Bild vom geschlossenen Rahmen die Formen gelebter Religion und Religiosität sich ändern und zunehmend ohne expliziten Transzendenzbezug auskommen. Vielleicht ist die Rede von Spiritualität eine Weise einer solchen nicht transzendenzbezogenen Form von Religiosität. Charles Taylor diagnostiziert eine »Spiritualität der Suche«[34] als die für die Zukunft prägende Religionsgestalt.

---

[32] A.a.O. S. 986.

[33] A.a.O. S. 15.

[34] A.a.O. S. 891. Grundlegend zu Geschichte und Gegenwart von Spiritualität CORINNA DAHLGRÜN, Christliche Spiritualität. Formen und Traditionen der Suche nach Gott, Berlin 2009. Leitlinien einer Theologie gegenwärtiger Spiritualität bietet JÖRG SCHNEIDER, Moderne Frömmigkeit zwischen Zeitgeist und Zeitlosigkeit. Auf dem Weg zu einer evangelischen Theologie der Spiritualität, in: IJPT 15 (2011), S. 293-329.

3. Fragilisierung des Glaubens

Als eine der Folgen von Pluralisierung der religiösen Lebensformen diskutieren Religionssoziologen die »Fragilisierung« des Glaubens. Bedeutet die Pluralität, dass der Glaube im Wissen um die Alternativen selbst unsicherer, ungewisser wird? Taylor scheint zunächst auch dies mit zu implizieren: »Die Existenz einer Alternative fragilisiert jeden Kontext, das heißt, sie sorgt dafür, daß das Gefühl für das Denkbare und das Undenkbare unsicher und schwankend wird.«[35] Taylor beschreibt die Alternativen als einen Druck, dem Menschen ausgesetzt sind, und zwar Druck, der von verschiedenen Seiten ausgeht oder den Menschen aus verschiedenen Richtungen trifft. Doch führt er aus, dass er damit nicht den Glauben in sich selbst für unsicherer hält, sondern nur, dass sich häufiger Religionswechsel, Konversationen, Umorientierungen ereignen und es immer seltener Generationenkontinuität gäbe. Argumentativ verbindet Taylor das nicht. Warum kommt es häufiger zu Religionswechseln (ganz allgemein gesprochen), wenn der Glaube in sich nicht unsicherer sei? Im Modell von Ebeling könnte man es so erklären: Der Glaube ist in sich nicht ungewisser oder anders strukturiert als früher, aber die dem Glauben eigenen Zweifel und Anfechtungen öffnen den Glauben für ein Einwirken der Vernunft, welche auf alle möglichen Alternativen und deren Versprechen verweist.

Hans Joas stellt die Chancen von religiöser Pluralität, deren Kern er als gesteigerte Kontingenz beschreibt, in den Vordergrund[36]. Seine Position spannt sich durch die Begriffe Empathie, gesteigerte Freiheit und Individualität. Durch den Zwang, sich zu entscheiden, komme den Bindungen, für die ein Individuum sich entscheidet, ein höheres Maß an Freiheit zu. Die gesteigerte Freiheitlichkeit erzeuge eine dynamische Stabilität und damit eine Steigerung an interner Stabilität[37]. Der Glaube kann in sich reflektierter, komplexer und widerstandsfähiger sein, wenn er sich eben mit

---

[35] Charles Taylor, Ein säkulares Zeitalter, Berlin 2012, S. 928.

[36] Vgl. HANS JOAS, Die säkulare Option. Ihr Aufstieg und ihre Folgen, in: DZPhil 57 (2009), S. 293-300.

[37] Vgl. HANS JOAS, Braucht der Mensch Religion? Über Erfahrungen der Selbsttranszendenz, Freiburg i.Br. 2004, S. 37, S. 45.

den Alternativen auseinandergesetzt hat. Diese fragile Position des Glaubens kann allerdings auch noch andere Wirkungen zeitigen: der Glaube zieht sich in sozial sehr stabile und intellektuell sehr enge Kontexte zurück, um sich angesichts des Drucks zu stabilisieren.

Zum Glauben in der Moderne gehört das Bewusstsein, dass es immer auch andere, auch in sich plausible Alternativen gibt, dass der Glaube somit etwas zu Verantwortendes und Veränderliches, etwas Gefährdetes und etwas Besonderes ist. Der Glaube trägt ein reflexives Bewusstsein seiner selbst in seiner Nicht-Selbstverständlichkeit mit sich. Darin liegt die Chance gegenwärtig-zukünftigen Christseins, aber auch seine besondere Bürde und Gefährdung. In dieser Hinsicht ist auch ein asymmetrisches Begründungsgefälle entstanden: als begründungspflichtig und anfechtbar erscheint eine religiöse Lebenshaltung, während die nicht-religiöse Lebenshaltung in vieler Hinsicht sich ohne das reflektierte Bewusstsein ihrer Strittigkeit vollziehen kann.

IV. Ambiguität. Heaven at work?

"Heaven at work" heißt eine ganze Bilderserie des Künstlers Andreas Kuhn/München[38]. Ein Bild dieser Serie, "Heaven at work III" (2007) sei kurz beschrieben: Eine blau dominierte Farbfläche, strukturiert durch gleichmäßige, einzeln erkennbare Pinselschwünge. Ein Pinselschwung neben dem anderen, verbunden durch Farbigkeit und Struktur. Einzelne dieser Schwungwellen aber sind hellblau, wie durchgelichtet, wie durchscheinend auf ein dahinter liegendes Licht. Bezieht sich darauf der Titel? Ist in dem Hellen, Licht, Schimmernden der Himmel an der Arbeit? Wirkt in diesem Lichten der Himmel? Sonst aber nicht? Oder ist der Himmel viel eher in dem dunkelroten Farbfeld an der Arbeit? In dem, was Leidenschaft, Liebe, Glut, aber auch Leid, Blut, Schmerz heißen kann? Wo findet man den Himmel beim Arbeiten? Wo wird Himmel erfahrbar? Oder ist es sogar so, dass der Himmel überall an der Arbeit ist? Dass er in jedem Pin-

---

[38] Die Homepage des Künstlers ist abrufbar unter www.andreaskuhn.com.

selschwung, in jedem Farbton, in jeder Farbe wirkt? Lässt sich das irgendwie auseinander sortieren, wo der Himmel wirkt und wo nicht? Wenn das aber so ist: brauchen wir vielleicht die hervorgehobenen Farbfelder, das Lichte oder das Glutvolle, um zu erfahren, dass der Himmel wirkt?

Das ist nicht eindeutig. Es bleibt offen. Man kann es verschieden wahrnehmen, auch mit guten Gründen verschieden interpretieren. Möglich wäre ja auch, dass der Künstler den Titel ironisch meint, vielleicht in dem Sinne, dass der Himmel, der da arbeitet, ja die Arbeit und Anstrengung des Künstlers sei. Was wäre das für ein Himmel, der selbst arbeiten müsste?

Und was ist der Himmel? Steht der Himmel für Gott, für den Unnennbaren, den Unbegreifbaren, für Gott unabhängig von allen Gottesnamen? Sind nicht vielleicht manchmal Menschen Himmel füreinander? Oder genauer, sind es nicht Menschen, die einander fühlbar machen, dass es himmlische Momente gibt? Kann Himmel dann nicht auch einfach Poesie meinen, all das, was den Alltag, das Normale, Gewohnte, Praktische übersteigt? Ist Himmel dann das, was Menschen in ihren besten Momente und ihren höchsten Möglichkeiten leben? Oder ist der Glaube an den Himmel eine Illusion, zu der uns die Künste verführen? Vielleicht aber auch sind es gerade die Künste, welche Verweise, Spuren, Ahnungen Gottes erschließen.

Es bleibt die Offenheit, Mehrdeutigkeit, also die Ambiguität, in der Kunst, aber genauso im Leben. Ist da wirklich »Heaven at work«? Und ist der Heaven göttlich? Nichts, gar nichts Endliches kann aus sich heraus eindeutig Gottes vergewissern; Gott ist im Endlichen nicht eindeutig ausweisbar. Zur endlichen Struktur unseres Lebens gehört die Strittigkeit Gottes[39]. Das ist der bleibende Schmerz im Verhältnis zwischen Glauben und Vernunft: dass die Gewissheit Gottes im Glauben geschenkt wird, aber mit der Vernunft nie ganz eingeholt und nie für andere Menschen eingeholt werden kann. Dem neuzeitlichen Menschen (und wohl nicht nur ihm) ist eine selbstverständliche Sicherheit Gottes aus Vernunfturteilen heraus nicht zugänglich. Jeder glaubende Mensch weiß, dass auch andere Deutungen der Welt als der des christlichen Glaubens vernünftig möglich sind, dass

---

[39] Vgl. dazu WOLFHART PANNENBERG, Systematische Theologie I, Göttingen 1988, S. 59 und öfter.

nichts Endliches ein vernünftig sicheres Urteil über Gott, seine Wirklichkeit und Wirksamkeit begründen kann.

Es gibt viele gute Gründe, Gott als Ursprung der Wirklichkeit zu denken. Aber es gibt keinen Grund, der nicht auch vernünftige Gegengründe finden würde. Es ist ein Grundbedürfnis des Menschen, das, was sich ihm erschlossen hat, auch im Hinblick auf alle Menschen zu denken und für diese auszuweisen. Mit der Vernunft bezieht der Mensch sich auf das Allgemeine und Menschenverbindende. Den Glauben an Gott nicht in dieser Vernunftallgemeinheit also für alle Mitmenschen begründen zu können, ist ein Schmerz, der nicht (nur) aus der Sünde, sondern vor allem aus dem Glauben und der Gnade wächst. Mit dieser gedanklichen Strittigkeit Gottes muss der Glaubende leben, d.h. mit der bleibenden Spannung zwischen glaubender Gewissheit und Nicht-Begründbarkeit Gottes für die menschliche Vernunft. Diese Spannung wird umso schmerzlicher spürbar, je präsenter die eschatologische Hoffnung ist, dass Glauben und Verstehen, dass Gott-schauen und Gott-lieben zusammengehören werden. Eschatologisch wäre über Glaube und Vernunft noch einmal ganz anders zu reden.

Alle und jede Glaubenserfahrung ist immer auch anders deutbar; jeder Weltzusammenhang ist auch immer ohne Gottesbezug zu interpretieren. Diese grundsätzliche Ambiguität[40] jedes Wirklichkeitsverstehen ist unaufhebbar; es ist gerade Aufgabe jeder vernünftigen Lebensführung, auch und gerade der vernünftigen Lebensführung des Glaubenden, dieser Ambiguität inne zu sein und diese auszuhalten[41].

Das Innesein und bewusste Umgehen mit der Ambiguität der Wirklichkeitserfahrung fordert die Religion besonders heraus, aber wird durch die Religion auch besonders befördert. Indem Gott dem glaubenden Menschen als der einzige Ort vollkommener Eindeutigkeit gewiss ist, von dem

---

[40] Ambiguität gehört zu Leitbegriffen kulturwissenschaftlicher Interpretationen. Vgl. dazu MATTHIAS BAUER U.A., Dimensionen der Ambiguität, in: DERS. U.A. (HG.): Dimensionen der Ambiguität, Heft der Zeitschrift für Literaturwissenschaft und Linguistik 158 (2010), S. 7-75.

[41] Die verschiedenen christlichen Konfessionen unterscheiden sich markant darin, wie sie jeweils Ambiguität und Eindeutigkeit einander zuordnen.

sich alle Bezugnahmen auf ihn in ihrer Ambiguität gerade unterscheiden, ist ein lebensförderlicher und darin eindeutiger Umgang mit der Ambiguität möglich.

V. Fazit: Was bedeutet das für den Glauben und was für die Theologie?

Das Verhältnis von Glaube und Vernunft ist asymmetrisch verfasst. Es ist daran konflikthaft, dass Glaube und Vernunft in sich selbst ambivalent sich vollziehen, weil Subjekt von Vernunft und Glauben immer der sündige Mensch sind. Glaube ist mit Unglaube und Vernunft mit Unvernunft verbunden. Die Erfahrungen des Menschen lassen sich durch Glaube und Vernunft jeweils sehr verschieden deuten; die Erfahrungen bleiben darin ambig. Die angemessene Weise mit dieser Ambiguität umzugehen besteht darin, ihrer ansichtig zu werden und sie in das eigene Weltverstehen zu integrieren. Was bedeutet das für das Verhältnis von Glaube und Vernunft?

1. Vom Glauben zu sprechen, angemessen in einer säkular geprägten öffentlichen Kultur zu sprechen, ist außerordentlich schwer. Es gilt die eigene Verwandlung im und durch den Glauben zu bezeugen, und es gilt, die Verbundenheit mit allen Menschen in der Suche nach dem guten Leben und der wahrhaft humanen Interpretation der Welt auszudrücken.
2. Angemessen kann man vom Glauben nur als Glaubender sprechen; von den Gefahren, Selbsttäuschungen und Illusionen der Glaubenden können besonders gut die Nichtglaubenden sprechen.
3. Die Glaubenden sind angewiesen auf die Nichtglaubenden, auf ihre kritische Begleitung, ihre vernunftbegründeten Analysen und ihre Intuitionen. Und die Glaubenden sind berufen, für die Nichtglaubenden vom Glauben Zeugnis abzulegen unter Einbeziehung vernünftigen Argumentierens.
4. Es ist ein dynamischer Perspektivwechsel erforderlich, ein hin und her wechseln zwischen der Perspektive einer kritischen, aber nicht

zynischen Vernunft und der Perspektive aus dem existentiellen, bewegten und ernstem Glauben heraus im Vertrauen darauf, dass auch und gerade die Vernunft den Glaubenden nicht vom Glauben wegzuführen, sondern ihn zu vertiefen vermag.

5. Der Glaube braucht die Vernunft, um sich auszudrücken und sich auszulegen; und der Glaube braucht die Vernunft als kritisches Gegenüber, um seiner eigenen Ambivalenzen ansichtig zu werden und sich für alle Menschen zu öffnen.
6. Gerade der Glaube muss daher zutiefst an der Förderung der Vernunft, gegen die Unvernunft oder Vernunftlosigkeit, interessiert sein.

UDO KERN:
Zwischen Exzellenz und Blindheit – zum Verhältnis von Glaube und Vernunft bei Martin Luther

Dieser Beitrag ist ein Teil aus meinem in diesem Jahre (2013) beim LIT-Verlag erscheinenden Buches „Martin Luthers Dialektik der Vernunft."

I. Die Vernunft als die göttliche Gabe: regina, gubernatrix omnium

Rémi Brague – emeritierter Professor in Paris und an der Universität in München – meint, dass es heute manche Menschen gibt, die »das Dasein der übrigen Spezies, ja vielleicht das Leben auf der ganzen Erdoberfläche« vom Menschen aus als substantial gefährdet erblicken. »Der Mensch sei der `Allesfresser' (*pamphagas*), so schon bei Plutarch, ja das `Untier' (Ulrich Horstmann). Er verdiene es zu verschwinden, damit die Erde die schöpferischen Kräfte frei entfalten kann (der junge Flaubert, D. H. Lawrence, manche Strömungen der sogenannen *deep ecology*).«[1] Diesem widerspricht Luther[2] radikal. Denn das sind des Reformatoren diesbezüglichen luthe-

---

[1] RÉMI BRAGUE, Die Konkretheit des Metaphysischen. Sein und Gutes als unentbehrliche Fragen, in: figh Journal, Nr. 21, April 2013, S. 1-4, hier: S. 3.

[2] Ich verwende folgenden Abkürzungen von Luthers Werken: 1. D. Martin Luther Kritische Gesamtausgabe, Weimar 1883 ff.; zit. WA; WA Briefe, WA DB Deutsche Bibel, WA Tr Tischreden, Weimar 1883 ff. 2. Martin Luther, Studienausgabe, hg. von HANS-ULRICH DELIUS, 6 Bände, Berlin 1979 ff. (zit. StA). 3. Band: Die Bekenntnisschriften der evangelisch-lutherischen Kirche, hg. im Gedenkjahr der Augsburgischen Konfession 1930, Berlin ⁵1960 (zit. BSLK). 4. KURT ALAND, Hilfsbuch zum Lutherstudium. Bearbeitet in Verbindung mit ERNST OTTO REICHERT und GERHARD JORDAN, Witten ³1970.

rischen Hauptsätze über die göttliche Gabe der Vernunft, die Gott den Menschen gab. Also heißt es in Luthers *Disputatio de homine* von 1536 (WA 39/1, 175,9-15): »*4. Et sane verum est, quod ratio omnium res et caput et prae ceteris rebus huius vitae optimum et divinum quiddam. 5. Quae est inventrix et gubernatrix omnium Artium, Medicinarium, Iurium et quidquid in hac vita sapientiae, potententiae, virtutis et gloriae ab hominibus possidetur. 6. Ut hinc merito ipas vocari debeat differentia essentialis, qua constiuatur homo, differe ab animalibus et a rebus aliis.*«

Die *ratio* macht die Einzigartigkeit und Kunstfertigkeit des Menschen aus.

Die *ratio* versetzt den Menschen in die Lage, Tage und Jahre zu unterscheiden, sie zu zählen. So wird dem Menschen ein Verhältnis zur Zeit *per rationem* gegeben[3].

Irdisch ist die Vernunft. »Die Vernunft, wie schön und herrlich sie auch ist, gehört doch allein in das Weltreich; da hat sie ihre Herrschaft und ihr Reich. Aber im Reich Christi hat allein Gottes Wort die Oberhand.«[4]

Vernunft und Gott widersprechen nicht, sondern korrelieren einander. »Was der Vernunft entgegen ist, ist gewiss noch vielmehr Gott entgegen. Denn wie sollte das nicht wider die göttliche Wahrheit sein, was der menschlichen Wahrheit widerstreitet?«[5]

Wie die Engel besitzt der Mensch die *potentia intellectiva*: »*Dignum autem admiratione est consilium Dei in creando homine, quem cum condidisset an animalem vitam et actiones corporales, addidit tamen potentiam intellectivam, quae in Angelis quoque est, ut sit homo mixtum animal ex brutali et angelica natura.*«[6] Der Mensch ist also ein doppeltes Wesen: *sit homo mixtum animal ex brutali et angelica natura*. Beide Naturen des Menschen müssen bedacht werden, damit er adäquat theologisch und anthropologisch verstanden

---

[3] MARTIN LUTHER, Genesisvorlesung (1535–1545), WA 42, 33,8-13.

[4] MARTIN LUTHER, Galaterbrief-Vorlesung (1535), WA 40/1, 164,20; DERS., Predigt über 2. Buch Mose (1524/1527), WA 16, 261,29-31.

[5] MARTIN LUTHER, De votis motasticis (1521), WA 8, 629, 31-33.

[6] MARTIN LUHTER, Genesisvorlesung (1535–1545), WA 42, 85,10-13.

werden kann. Isolierung dieser beiden Naturen inkludiert menschlichen Elementarverlust.

Wir Menschen *sind* immer schon im Leben seiende Menschen. Wir sind nur als *seiend*. »Der Mensch kann unmöglich ein ausgewogenes Urteil über seinen eigenen Wert fällen, da er notwendig voreingenommen ist (Sartre). Wir sind sowieso Menschen, wir sind sowieso schon am Leben, ʽnous sommes´ (Pascal) und können nicht so tun, als stünden wir außerhalb unserer eigenen Menschlichkeit und unseres jetzigen Daseins«[7]; und damit nach Luther außerhalb unserer uns von Gott verliehenen Rationalität.

II. Vernunft weiß naturaliter um Existenz und nichts von Gottes Güte

Auch postlapsarisch gibt es bei Luther ein Wissen um die Existenz und Güte Gottes. Für Luther gilt die natürliche Gegebenheit der *divinitas Dei*: »*Divinitas est naturaliter cognita. Deum esse per se notum, Sophistae. Cuitus satis testat natur, omnes homines habere noticiam dei per manus traditam.*«[8]

Wir haben eine doppelte Gotteserkenntnis: die eine betrifft unser Wissen um die Erkenntnis und Güte Gottes, die andere unser Nichtwissen um die Erkenntnis von Gottes Güte hinsichtlich unseres Heils: »*Duplex est cognitio Dei, Generalis et propria. Generalem habent omnes homines, scilicet quod Deus sit, quod creaverit coelum et terram, quod sit iustus, quod puniat impios etc. Sed quid Deus de nobis cogitet, quid dare facere velit, ut a peccatis et morte liberemur et salvi fiamus (quae propria et vera cognitios Dei), homines non noverunt.*«[9]

Die *ratio* weiß allerdings, dass Gott alles in allem wirkt[10]. »Die Vernunft weiß einigermaßen, dass Gott helfen kann und soll, aber den rechten Gott

---

[7] RÉMI BRAGUE, Die Konkretheit des Metaphysischen, S. 3.
[8] MARTIN LUTHER, Galaterbriefvorlesung 1531 WA 40/1, 607,7-9.
[9] MARTIN LUTHER, Galaterbriefvorlesung 1531, WA 40/1, 607,28-32.
[10] MARTIN LUTHER, De servo arbitrio (1525), WA 18, 709,10 f.

kann sie nicht treffen. Sie kann wohl von ihm reden; aber wer er sei und wie er uns helfe, das weiß sie nicht.«[11]

Die Vernunft bekennt, »dass alles Gute von Gott komme. Denn wer aus allem Bösen und Unglück helfen kann, der kann auch alles Guts und Glück geben. Soweit reicht das natürliche Licht der Vernunft, dass sie Gott für einen gütigen, barmherzigen, milden achtet: das ist ein großes Licht. Aber es fehlt noch an zwei großen Stücken. Das erste: Sie glaubt, dass Gott solches vermöge und wisse zu tun, zu helfen und zu geben. Aber dass er wolle oder willig sei, solches an ihr auch zu tun, das kann sie nicht (glauben); darum bleibt sie nicht fest auf ihrem Sinn. Denn die Macht glaubt und kennt sie, aber am Willen zweifelt sie, weil sie da Widerspiel fühlet im Unfall [...] Das *andere*: dass die Vernunft nicht kann die Gottheit recht austeilen noch recht zueignen, dem sie alleine gebührt. Sie weiß, dass Gott ist. Wer oder welcher es sei, der da recht Gott heißt, das weiß sie nicht. Und geschieht eben, als den Juden geschah, da Christus auf Erden ging und von dem Täufer Johannes bezeugt war, dass er vorhanden wäre. Da stand ihr Herz also, dass sie wussten, Christus wäre unter ihnen und ging unter den Leuten. Aber welche die Person wäre, das wussten sie nicht, denn dass Jesus von Nazareth wäre Christus, könnte niemand erkennen. Also spielt auch die Vernunft der blinden Kuh mit Gott und tut eitel Fehlgriffe und schlägt immer nebenhin, dass sie das Gott heißt, das nicht Gott ist, und wiederum nicht Gott heißt, das Gott ist. Welches sie keineswegs täte, wo sie nicht wüsste, dass Gott wäre, oder wüsste eben, welches oder was Gott wäre. Darum plumpt sie so herein und gibt den Namen und göttliche Ehre und heißet Gott, was sie dünkt, das Gott sei, und trifft also nimmermehr den rechten Gott, sondern allewegs den Teufel oder ihren eigenen Dünkel, den der Teufel regiert. Darum ist es gar ein großer Unterschied, was oder wer Gott ist. Das erste weiß die Natur und ist in allen Herzen geschrieben, das andere lehrt alleine der heilige Geist.«[12] Die *ratio* kann aus sich heraus niemals Gottes Barmherzigkeit und effektive Wirkkraft des durch den Heiligen Geist gewirkten Glaubens

---

[11] MARTIN LUTHER, Predigt über 5. Mose 5,6 am 29. August 1529, WA 28, 611,26.

[12] MARTIN LUTHER, Der Prophet Jona ausgelegt (1526), WA 39/1, 47 f., zitiert nach EMANUEL HIRSCH, Hilfsbuch zum Studium der Dogmatik, Berlin 1964, S. 95.

erkennen: »*Ratio ignorat et non intelligit magnitudinem misericordiae divinae aut quanta sit et quam efficax fides.*«[13]

Wir haben in uns keine reine, sondern lediglich eine gefärbte Vernunft. Dieser Färbung können wir nicht entrinnen. Wir sind also solche *Vernunftgefärbte*: »Unsere Vernunft sieht durch ein gefärbtes rotes oder blaues Glas; das kann sie nicht von den Augen nehmen. Darum muss alles, was sie ansieht, auch rot, blau oder grün sein.«[14]

III. Hure Vernunft: Ratio konstruiert ihren Gott

Die *ratio* sucht zutiefst ihr Ureigenes und steht in der Gefahr, sich in ihrem eigenen Konstrukt zu vergraben. Das gilt auch und gerade hinsichtlich der Gottesfrage. Also hätte es die Vernunft gerne, »dass es in ihrem Gefallen und Urteil stehe, welches Gottes Werk und Wort sein soll. Sie will Gott richten in allen seinen Werken und Worten und will von ihm ungerichtet sein. Es soll in ihrer Willkür stehen, was Gott sei oder nicht sei. [...] Siehe, so muss die Vernunft Abgötter machen und kann nicht anders tun; denn sie weiß wohl von Gottes Ehre zu sagen, aber sie geht allezeit hin und tut dieselbe dem, das sie dünkt, Gott zu sein; das ist denn gewisslich nicht Gott, sondern ihr eigen Dünkel und Irrtum.«[15]

Drastisch und plastisch erläutert Luther die Produktion von Göttern in seiner Erklärung zum *Großen Katechismus*[16]: »Ist der Glaube und Vertrauen recht, so ist auch Dein Gott recht, und wiederum, wo das Vertrauen falsch und unrecht ist, da ist auch der rechte Gott nicht. Die zwei gehören zuhaufe, Glaube und Gott. Worauf Du nun (sage ich) Dein Herz hängst und verlässest, das ist eigentlich Dein Gott. Darum ist nun die Meinung dieses Gebotes, dass es fordert rechten Glauben und Zuversicht des Her-

---

[13] MARTIN LUTHER, Disputatione de iustificatione (1536), WA 39/1, 97,9 f.
[14] MARTIN LUTHER, Disputatione contra missa privatam (1536), WA 16, 143,17-19.
[15] MARTIN LUTHER, Joh. 1,1-14 (1522), WA10/1, 240,9-22.
[16] Bekenntnisschriften der evangelisch-lutherischen Kirche, hg. im Gedenkjahr der Augsburgischen Konfession 1930, Berlin ⁵1960 (BSLK), S. 560,17-562,4.

zens, welche den rechten einigen Gott treffe und an ihm alleine hange. Und will soviel gesagt haben: siehe zu und lasse mich alleine Dein Gott sein und suche je keinen andern; das ist, was Dir mangelt an Gutem, des versieh Dich zu mir und such es bei mir und, wo Du Unglück und Not leidest, kreuch und halte Dich zu mir. Ich will Dir genug geben und aus aller Not helfen, lass nur Dein Herz an keinem andern ruhen.

Das muss ich ein wenig grob ausstreichen, dass man es verstehe und merke bei gemeinem Exempeln des Widerspiels. Es ist mancher, der meint, er habe Gott und alles genug, wenn er Geld und Gut hat, verlässt und brüstet sich darauf so steif und sicher, dass er auf niemanden nichts gibt. Siehe, dieser hat auch einen Gott der heißet Mammon, das ist Geld und Gut, drauf er alle sein Herz setzt, welches auch der allergewöhnlichste Abgott ist auf Erden. Wer Geld und Gut hat, der weiß sich sicher, ist fröhlich und unerschrocken, als sitze er mitten im Paradies, und wiederum, wer keines hat, der zweifelt und verzagt, als wisse er von keinem Gott. Denn man wird ihrer gar wenig finden, die guten Mutes seien, nicht trauern noch klagen, wenn sie den Mammon nicht haben; es klebt und hängt der Natur an bis in die Gruben (= Verwandtschaft). Also auch, wer darauf traut und trotzt, dass er große Kunst (= Gelehrsamkeit), Klugheit, Gewalt, Gunst, Freundschaft und Ehre hat, der hat auch einen Gott, aber nicht diesen rechten einigen Gott. Das siehst Du abermals dabei, wie vermessen, sicher und stolz man ist auf solche Güter und wie verzagt, wenn sie nicht vorhanden oder entzogen werden. Darum sage ich abermals, dass die rechte Auslegung dieses Stückes sei, dass ein Gott haben heißet etwas haben, worauf das Herz gänzlich trauet.«

Der Fehl der Natur des Menschen, an dem seine *ratio* Unsprung gebend urgiert und partizipiert, ist stets vor Augen zu sehen. »Das ist *vitium humanae creaturae, quod non putat creationem et dona*, sondern will ein *feci* (ich habe es gemacht) daraus machen; *sed* soll heißen: *Ego accepi* (ich habe empfangen). *Dominus dedit; non homo fecit.*«[17]

---

[17] MARTIN LUTHER, In quindecim psalmos commentarii (1540), WA 40/3, 223,5-7.

Die Vernunft des Menschen ist *fleischlich*. »*Philosophia est prudenia carnis inimica Dei.*«[18] Das Unsichtbare ist nicht ihr Geschäft: »*Ratio non potest ad invisibilia `se transferre´.*«[19] »`*Fides autem notitia rerum invisiblium et expectandarum´* (Heb 11,1), *quia ista notitia in promissione et in verbo Dei consistit, sicut autem divina est,* außer *omnem captum, sensum.* `*Oculis non videt in cor´etc.* (1. Kor 2,9) *promittit absurda, incredibilia, impassibilia.*«[20]

Luther nennt die Vernunft »die höchste Hur, die der Teufel hat«, auch »Frau Hulda« und ironisch »Herrin Vernunft« und Metze[21]. Divinatorisch groß ist die verderbliche Kraft des Teufels in der Vernunft des Menschen. »Aber des Teufels Braut *ratio*, die schöne Metze, führt herein und will klug sein, und was sie sagt, meinet sie, es sei der heilige Geist, wer will da helfen ? [...] Denn es ist die höchste Hure, die der Teufel hat. Die anderen groben Sünden sieht man, aber die Vernunft kann niemand richten.«[22] Der gefährlichen perfiden Gefährlichkeit der teuflischen vernünftigen Sünde ist nicht zu entkommen. Klar hat für unserer *cognitio maiestatis Dei* in den Augen Luther folgendes zu Grunddatum zu sein: »Unser *ratio* ist viel zu gering, als dass wir Gottes Majestät begreifen können.«[23]

IV. Ratio in negativis – ratio in affirmativis

Bei Luther ist im Laufe seiner Entwicklung eine zunehmend kritischere Erkenntnis über eine natürliche Gotteserkenntnis oder Gotteskenntnis des

---

[18] MARTIN LUTHER, Disputatio de homine (1536), WA 39/1, 180,20.

[19] MARTIN LUTHER, In quindecim psalmos commentarii (1540), WA 40/3, 51,8 f.

[20] MARTIN LUTHER, In quindecim psalmos commentarii (1540), WA 40/3, 46,7-10.

[21] PAUL ALTHAUS, Die Theologie Martin Luther, Gütersloh 1963, S. 70. Althaus nennt ebd. S. 70 Anm. folgende Belegstellen bei Luther: WA 10/1, 326,16, Gal 4,1-7 (1522); WA 18, 164,24, Von dem Gräuel der Stillmesse (1525); WA 18, 182,11, Wider die himmlischen Propheten (1525); WA 51, 126,7 ff., Die letzte Predigt, 1546; Tischreden 6889, WA 18, 674,13, De servo arbitrio (1525); WA 18, 729,7 (1525).

[22] MARTIN LUTHER, Die letzte Predigt 1546, WA 51, 126,29-33.

[23] MARTIN LUTHER, Vorlesung über Jesaja (1527/30), WA 25, 237,11-13.

Menschen ausgesprochen. So hat er in der Promotionsdisputation des *Petrus Hegemeon* von 1545 energisch pagane Auffassungen abgelehnt, dass in diesem die *Schöpfung der Welt* durch Gott gewusst werden. Die Heiden kennten ausschließlich »etwas von der Lenkung Welt«[24].

Nach Bernhard Lohse hat sich Luther nur einmal in seinem gesamten Schrifttum, systematisch »grundsätzlich über die Gotteserkenntnis der Vernunft geäußert, nämlich in De votis monasticis iudicium (1521).« Luther schreibt: »Fünftens wollen wir das Mönchtum auch der natürlichen *ratio* gegenüber stellen, d.h. jenem groben Licht der Natur. Die *ratio* reicht zwar nicht an das Licht und die Werke Gottes heran, so dass ihre Aussagen (über Gott) in *positiver Hinsicht falsch sind;* doch in *negativer Hinsicht sind [diese Aussagen] gültig.* [Hvh. U.K.]. Denn die *ratio* erfasst nicht, *was Gott ist*, gleichwohl, *erfasst sie zuverlässig, was Gott nicht ist*. [Hvh. U.K.] Obwohl sie daher nicht sieht, was vor Gott recht und gut ist [nämlich Glaube], so weiß sie trotzdem deutlich, dass Unglaube, Mord und Ungehorsam böse sind. Auch Christus bediente sich dieser *ratio*, wenn er darlegt, das jenes Reich, das mit sich selbst uneins ist, wüst wird.«[25] So hat Bernhard Lohse recht, wenn er schreibt: »Luther bestreitet hier die Möglichkeit, mit Hilfe der *ratio* `in affirmitive´* zu Gott zu gelangen, also auf Grund der Vernunfterkenntnis positive Aussagen über Gott zu machen. Gleichwohl räumt er ein, dass `in negativis´ das Urteil der *ratio* zutreffend ist. Dabei hält Luther es nicht für möglich, auf dem Weg über die Verneinung (`via negationis´), wie es in der Mystik geschah, dann doch zu positiven Aussagen über Gott zu gelangen.«[26]

---

[24] MARTIN LUTHER, Promotionsdisputation von Petrus Hegemeon (1545), WA 39/2, 345-346,23. Siehe BERNHARD LOHSE, Luthers Theologie, S. 217; DERS., Ratio et fides, S. 61-64.

[25] MARTIN LUTHER, WA 8, 629,23-33. (zit. nach BERNHARD LOHSE, Luthers Theologie, S. 217; DERS., Ratio und Fides, S. 65-68.

[26] BERNHARD LOHSE, Luthers Theologie, S. 217.

V. Ratio in evidens

Die Frage nach der Vernunft nahm Luther auf dem Reichstag zu Worms sehr ernst. Er äußert sich hier – theologisch und philosophisch – grundsätzlich. Hier gilt die *ratio evidens*. Sich auf sie berufend erklärt Luther gegenüber dem Kaiser: »Da Eure Majestät und Eure Gnaden eine schlichte Antwort verlangen, will ich eine solche ohne Hörner und Zähne geben: es sei denn, dass ich durch Zeugnisse der Schrift oder durch klare Gründe der Vernunft überführt werde (*nisi convictus fuero testimonis scripturarum aut ratione evidente*), denn ich glaube weder dem Papst noch den Konzilien allein, da es feststeht, dass sie öfter geirrt haben und sich selbst widersprochen haben, so bin ich überwunden durch die von mir angeführten Schriften und ist mein Gewissen gefangen in Gottes Wort; daher kann und will ich nichts widerrufen, da es weder sicher noch recht ist, gegen das Gewissen zu handeln.«[27] Wider das Gewissen zu handeln ist dem Mönch aus Wittenberg nicht möglich. Gottes Wort verunmöglicht es am *ratio evidente* vorbei authentisch das zu sagen, was jetzt und hier möglich und notwendig ist. Nicht aufklärerische Modernität prägt hier Luther, sondern Gottes prägendes Wort, das geschieht *per rationem evidentem*. Durch sie geschieht wirklich wirksame Vernunft. Luther gilt beim Wirksamwerden der evidenten Vernunft als Grundlage das biblische Wort. Luther übersieht jedoch keineswegs die Eigenmächtigkeiten und Selbstherrlichkeiten derselben Vernunft mit Gott[28]. Man darf also in diesem Sinne auch nicht *ratio* und Gott identifizieren.

VI. Frei-gemacht-werden der ratio durch den Glauben

In Luthers Schrift *Von der Freiheit eines Christenmenschen*[29] heißt es: »Ein Christenmensch ist ein freier Herr über alle Dinge und niemandem unter-

---

[27] Verhandlungen auf dem Reichstag zu Worms (1521), WA 7, 838,2-8.
[28] BERNHARD LOHSE, Luther Theologie, S. 218.
[29] StA II 2, 265,6-9, MARTIN LUTHER, Von der Freiheit eines Christenmenschen (1520).

tan. Ein Christenmensch ist ein dienstbarer Knecht und jedermann untertan.« Luther beruft sich hier biblisch auf 1. Kor 12, Röm 13 und Gal 4[30]. Eineindeutig hatte Paulus im 1. Brief an die Korinther (1. Kor 9,19) geschrieben: »*Denn, obwohl ich frei bin von jedermann, habe ich doch mich selbst jedermann zu Knecht gemacht, auf dass ich ihrer viele gewinne.*« Heinz-Dietrich Wendland interpretierte richtig: »Der im Sinne des Evangeliums wahrhaft Freie ist der Sklave Aller (vgl. 2. Kor 4,5); von seiner Freiheit aus, die ihn über alle Schranken erhebt, vermag er gerade `Allen alles´ zu werden. Diese Freiheit ist der unerhörtesten Verwandlung fähig, weil sie mit der Liebe geeint ist.«[31] Um diese so aus dem Evangelium geborene Freiheit hat Luther elementar gewusst. Seine Schrift *Von der Freiheit eines Christenmenschen* präsentiert das vorbildlich. Luther schreibt: »Wir schließen daraus, dass ein Christenmensch nicht in sich selber lebt (*Christianum hominum non viuere in seipso*), sondern in Christus und seinem Nächsten (*proximo suo*); aber als Christ nicht im Sein (*christianum non esse*), sondern in Christus durch den Glauben (*in Christo per fidem*), im Nächsten durch die Liebe (*in proximo per charitatem*). Durch den Glauben wird er zu Gott erhoben (*per fidem sursum rapitur supra se in deum*), wiederum durch die Liebe gerät er in seinen Nächsten (*rursum per charitatem labitur infra se in proximum*). Ebenso sagt Christus Joh 1,15: »*Wahrlich ich sage, ihr werdet den Himmel offen stehen sehen und die Engel Gottes auf- und absteigen sehen über den Menschensohn. (Amen dico vobis, deinceps videbis coelum apertum et Angelos dei ascendentes et descendentes super filium hominis).*«[32] So ist dem Menschen mit Leib und Seele, mit Psyche und *ratio* der Himmel geöffnet. »Siehe, das ist die rechte geistliche christliche Freiheit, die das Herz frei macht von allen Sünden, Gesetzen und Geboten, welche aller Freiheit übertrifft, sowohl die im Himmeln wie die auf Erden.«[33] »Angesichts von Gottes Wort und Werken, so sagt Luther, müsse man alle Vernunft und Klugheit gefangen nehmen

---

[30] StA II 2, 265,10-15, MARTIN LUTHER, Von der Freiheit eines Christenmenschen (1520).

[31] HEINZ-DIETRICH WENDLAND, Die Briefe an die Korinther, Göttingen 1954, S. 67.

[32] StA II 2, 304,12-18, MARTIN LUTHER, De libertate christiana (1520).

[33] StA II 2, 305,19-22, MARTIN LUTHER, De libertate christiana (1520).

und sie stattdessen mit dem Glauben ʿfassenʾ. Und man solle sich damit zufrieden geben, von Seinen (Gottes) Werken mit Seinen Worten zu reden, und sich nicht herausnehmen, seine eigenen Worte zu verwenden. Hier werden die Dinge im Verhältnis zu Quintilian auf den Kopf gestellt. Entscheidend ist nicht ein aktiver Gebrauch von *ratio* und *sermo* in einem ununterbrochenen Versuch, sich den Zusammenhang des Daseins anzuzeigen. Entscheidend ist vielmehr ein passives Zügeln von *ratio* und *sermo*, indem man im Glauben den gottgegebenen Zusammenhang annimmt.«[34]

Es gilt also die Glaubensaffinität von Gottes Wort im Fassen des Glaubens. »So ist Sein (Gottes) Wort freilich nicht ein Nachwort, sondern ein Machtwort, das da schafft, was es lautet. Psalm 33,9: ʿEs spricht, so steht es da.ʾ«[35] Da gilt das zitierte Votum Anna Vinds »Entscheidend ist vielmehr ein passives Zügeln von *ratio* und *sermo*, indem man im Glauben den gottgegebenen Zusammenhang annimmt.«[36]

In einer Tischrede von 1533 äußert sich Martin Luther sehr profiliert zu dem konstruktiven Verhältnis zwischen Glauben und Vernunft: »Der Doktor (Luther) ward gefragt, ob die Vernunft in den Christen etwas vermöchte, da sie in den Artikeln des Glaubens uns versperrt werden müsse? Er antwortete: Die Vernunft sei *vor* dem Glauben und der Erkenntnis Gottes Finsternis, doch in den Gläubigen ein gar treffliches Werkzeug (*optimum instrumentum*). Denn gleichwie alle natürlichen Gaben und Werkzeuge in den Gottlosen gottlos sind, also sind sie in den Frommen heilsam. Da wird der Glaube durch Vernunft, Beredsamkeit und Sprache vorangebracht, die ehe zuvor den Glauben nur hinderten. Erleuchtete Vernunft, vom Glauben

---

[34] ANNA VIND, ʿChristus factus est peccatum metaphoriceʾ. Über die theologische Verwendung rhetorischer Figuren bei Luther unter Einbeziehung Quintilians, in: OSWALD BAYER / BENJAMIN GLEEDE (HG.), Creator est creatura. Luthers Christologie als Lehre von der Idiomenkommunikation, Berlin-New York 2007, S. 95-124, S. 117.

[35] MARTIN LUTHER, Vom Abendmahl Christi (1528), WA 26, 283,4 f.

[36] ANNA VIND, ʿChristus factus est peccatum metaphoriceʾ. Über die theologische Verwendung rhetorischer Figuren bei Luther unter Einbeziehung Quintilians, in: OSWALD BAYER / BENJAMIN GLEEDE (HG.), Creator est creatura. Luthers Christologie als Lehre von der Idiomenkommunikation, Berlin-New York 2007, S. 95-124, S. 117.

eingenommen, empfängt Lehen vom Glauben, sie ist ertötet und wiederum lebendig worden [...] Die Vernunft ist der Eitelkeit unterworfen, gleichsam als auch alle anderen Kreaturen Gottes der Eitelkeit, d.i. dem Narrenwerk unterworfen sind. Aber der Glaube trennt das Wesen (*substantia*) von der Eitelkeit (*vanitate*) [...] Also soll die Eitelkeit verworfen werden, nicht das Wesen [...] So sind denn Vernunft, Sprache und alle Gaben und Kreaturen anderen in den Frommen und Christen denn in den Unfrommen. Die Philosophie versteht die göttlichen Dinge nicht, und ich habe Sorge, man werde sie zu hart in die Theologie mischen. Den Brauch missbillige ich nicht, aber wir sollen ihrer also gebrauchen wie eines Schattens und eines fröhlichen Spiels (*comedia*) und der bürgerlichen Gerechtigkeit. Aber dass sie die Sache selber sein will, um die es in der Theologie geht (*ipsam rem theologiae*), das tut nicht. Ich billige es nicht, dass man den Glauben eine Eigenschaft (*accidens*) oder Beschaffenheit (*qualitas*) heißt. Denn das sind philosophische Reden, und man denkt, der Glaube klebe an uns wie die Farbe an der Wand. Aber der Glaube ist in unserem Geist ein anderer Ding, denn er ist ein Wesen (*substantia*), aber dennoch ist er nicht also ein Wesen, wie in den Begriffsbestimmungen (*praedica-mentis*) der Leib ein Wesen ist.«[37]

Luther betont also, dass alle Gotteserkenntnis *ohne* den Glauben nicht sei. Aber gleichwohl sei die Vernunft für den Glauben ein nützliches Instrumentarium. Das gelte trotz aller natürlicher Eitelkeit der Vernunft. Vernunft, Sprache, ja alle kreatürlichen Gaben dienen den frommen Christen als Instrumentarium des Glaubens. In der Theologie gelten die Wesensbestimmungen (*substantia*) des *Glaubens* und nicht allgemeine Begriffsbestimmungen. »Der Glaube opfert die Vernunft und tötet jene Bestie, die die ganze Welt und Kreaturen nicht töten können.«[38] Der Glau-

---

[37] MARTIN LUTHER, WA TR 4, Nr. 2938 b, Jan 1533; zitiert nach EMANUEL HIRSCH, Hilfsbuch zum Studium der Dogmatik, Berlin ⁴1964, S. 97 f.

[38] MARTIN LUTHER, Galaterbriefkommentar (1535), WA 40/1, 362,15 f.: »At fides rationem mactat et occidit illam bestiam quam totus mundus et omnes creaturae occidere non possunt.« Vgl. zum Folgenden GERHARD EBELING, Fides occidit rationem. Ein Aspekt der theologia crucis in Luthers Auslegungen von Gal. 3,6, in: DERS., Lutherstudien, Bd. III, Begriffsuntersuchungen – Textinterpretationen –

be verunmöglicht der Vernunft Verderben bringend zu bauen. Die *ratio* ist der »wildeste Feind Gottes.«[39]

Darum gilt aber, wer »in dem der Glaube gesiegt hat, hat getötet und geopfert jenen schärfsten Verderben bringensten Feind Gottes.«[40] Dieser Sieg wird als ein notwendiger Glaubenssieg angesehen. »Die Frommen töten im Glauben diese Bestie, die größer ist als die Welt, und bringen so Gott ein sehr willkommenes Oper und Gottesdienst dar.«[41] Glaube und in sich der Welt entfremdete *ratio* widersprechen sich elementar in der Gottes Frage. »Der Glaube gibt Gott seine Ehre als Gott; er lässt *Gott für den Glaubenden* das sein, was Gott ist. Das tut die Vernunft nicht.«[42] Es gilt folglich: »*Tribuit (fides) enim Deo gloriam, qua nihil maius et tribui potest. Tribuere autem Deo gloriam est credere ei, est reputare eum esse veracem, sapientem, iustum, misericordem, omnipotentem, in summa: agnoscere euem authorem et largitorem omnis boni. Hoc ratio non facit, sed fides.*«[43]

Für Luther gilt das paulinische *hominem iustificari fide absque operis legis* (Röm 3,28). Das *funktioniert* allein unter dem *Dare gloriam Deo*[44]. Gerhard Ebeling deutet Luther richtig, indem er Luther antithetisch von Röm 4,2 (»*Si enim Abraham ex operibus iusticatus est, habet gloriam, sed no apud Deum*«) her interpretiert: »Die Deutung der des Gerechtfertigtseins als eines *gloriam habere*, wie es auf Grund von Leistungen *coram hominibus*, also im

---

Wirkungsgeschichtliches, Tübingen 1985, S. 181-222 und THEODOR DIETER, Beobachtungen zu Martin Luther Verständnis *der* Vernunft, in: JOHANNES VON LÜPKE / EDGAR THAIDIGSMANN (HG.), Denkraum Katechismus. Festgabe für Oswald Bayer zum 70. Geburtstag, Tübingen 2009, S. 145-169.

[39] MARTIN LUTHER, Galaterkommentar (1535), WA 40/1, 363,25 f.: »Hi (operarii) rationem, atrocissimum Dei hostem, non mactant sed vivicant.«

[40] MARTIN LUTHER, Galaterkommentar (1535), WA 40/1, 362,22 f.: »Sed fides in eo vicit, mactavit et sacrivacit illum acerrimum et pestilientissimum hostem Dei.«

[41] MARTIN LUTHER, Galaterbriefkommentar (1535), WA 40/1, 362,26 f.: »Ibi pii fide mactant bestiam maiorem mundo. Atque ita Deo gratissium sacrificium et cultum exibent.«

[42] THEODOR DIETER, Beobachtungen, S. 153.

[43] MARTIN LUTHER, Galaterkommentar (1535), WA 40/1, 360,20-24.

[44] GERHARD EBELING, Fides occidit rationem, S. 186.

Sinne des *kauchema*, das Paulus hier antithetisch zur Gerechtigkeit vor Gott einführt, veranlasst dazu, entsprechend auch das Gerechtfertigtsein von Gott durch den Begriff der *gloria* zu erhellen.«[45]

Der Glaube vollzieht das Gott-sein-Gott-lassen in seinem *reputare Dei*. »Aber der Glaube, der rechnet Gott (*deo reputat*) die Weisheit, die Güte, die Allgewalt zu, hält ihm alles für göttlich.«[46] Das Praefix *re* »bringt zum Ausdruck, dass hier eine Gegenrelation im Spiel ist, ein Reagieren auf ein Agens, ein Widerspiegeln dessen, was einem begegnet.«[47] Hier ist handelnd Gott in Aktion.

Der Mensch kann von sich aus Gott gegenüber nichts tun. Hier ist der Mensch *totaliter* kapitallos. Es gilt nur der durch den Heiligen Geist, also durch den Geist Gottes gereichte Glaube. »Gott Ehren geben – das kann nur als Glauben und nichts anders geschehen. Und Glauben besteht in nichts weiterem als darin, Gott Ehre zu geben. Der Mensch kann also für Gott gar nichts anders tun als glauben. Ein *facere Deo* ist damit ausgeschlossen: *non facit [fides] deo*.«[48] Wer Gott nicht vertraut, ihm nicht *glaubt*, verliert Gottes Gerechtigkeit, dessen Wahrheit und Göttlichkeit: »*Extra fidem amittit deus suam iustitiam, gloriam opes etc., et nihil maiestatis, divinatis, ubi non fides*.«[49] Gott fordert uns selbst, nicht den Übermenschen, sondern das Annehmen seiner Gottheit durch uns qua Glauben. Denn theologisch gilt streng: »*deus non requerit, quam ut faciam deum*«[50]. Kreatürlich zeigt sich Gott dem Glaubenden: »Demgegenüber scheint der Begriff des *creare* für das *facere Deum*, wie es der Glaube vollziehen soll, nun doch nicht ohne Grund gewählt zu sein. Was da geschieht, ist sozusagen dem Nichts abge-

---

[45] GERHARD EBELING, Fides occidit rationem, S. 186.

[46] GERHARD EBELING, Fides occidit rationem, S. 188.

[47] GERHARD EBELING, Fides occidit rationem, S. 188.

[48] MARTIN LUTHER, Galaterkommentar (1535), WA 40/1, 360,4 (Hs); GERHARD EBELING, Fides occidit rationem, S. 191.

[49] MARTIN LUTHER, Galaterkommentar (1535), WA 40/1, 360,6 f. (Hs); GERHARD EBELING, Fides occidit rationem, S. 191.

[50] MARTIN LUTHER, Galaterkommentar (1535), WA 40/1, 360,8 (Hs); GERHARD EBELING, Fides occidit rationem, S. 191 f.

rufen: *nihil maiestatis, divinitatis, ubi non fides.*«[51] Dennoch unterscheidet sich das *creare*, um das es hier geht, von der *creatio* des im strengen Sinne *ex nihilo* Geschaffenen dadurch, dass Gott darin sich selber gibt. Das *facere Deum*, wie es der Glaube vollzieht, ist »[...] ein *Deum facere Deum*: den ins Sein zu Rufen, der ist; wie denn das *dare Deo gloriam* allein darin besteht, ihm alles zu geben, was zum Gottessein gehört.«[52] Die *Divinitas Dei* ist hier das Seingebende[53]. »Der Glaube macht Gott zu Gott, indem er ihm zukommen lässt, was er ihm schuldet, nämlich seine Gottheit.«[54] Denn für Luther ist maßgeblich: »*Ego credo tibi deo loquenti.*«[55] Das Sein »gegenüber dem *Deus loquens* will nun aber nicht als eine punktuelle und somit im Grunde zeitlose und ungeschichtliche Situationsbestimmung verstanden sein. Wie darin der Mensch selbst mit seiner Geschichte präsent wird, so ist auch Gott mit der Geschichte seines Wortes darin anwesend.«[56] Daraus folgt: »In diesem seinem geschichtsgesättigen Lebensvollzug ist der Glaube Abrahams maßgebendes Beispiel für die Situationsbestimmtheit des Gottesbezugs, wie sie dem Glauben überhaupt zukommt. Im Gegensatz zu der Abstraktion rationaler Gotteserkenntnis liegt deshalb das ganze Gewicht der Wirklichkeit auf der Seite des Glaubens.«[57]

Die *ratio* wird bei Luther zum »*fons fontium omnium malorum, quia non timent et non letatur in eius verbis et factis, hostis pestilentissimus die.*«[58] Die Vernunft will hier nicht Gott Gott sein lassen: »[...] *rationem quae negat*

---

[51] MARTIN LUTHER, Galaterkommentar (1535), WA 40/1, 360,7; GERHARD EBELING, Fides occidit rationem, S. 196.

[52] MARTIN LUTHER, Galaterkommentar (1535), WA 40/1, 360,5; GERHARD EBELING, Fides occidit rationem, S. 196.

[53] GERHARD EBELING, Fides occidit rationem, S. 197.

[54] GERHARD EBELING, Fides occidit rationem, S. 202.

[55] MARTIN LUTHER, Galaterbriefkommentar (1535), WA 40/1, 361,1 f. (Hs), zitiert nach GERHARD EBELING, Fides occidit rationem, S. 213.

[56] GERHARD EBELING, Fides occidit rationem, S. 213.

[57] GERHARD EBELING, Fides occidit rationem, S. 213.

[58] MARTIN LUTHER, Galaterkommentar (1535), WA 40/1, 367,4 f. (Hs); GERHARD EBELING, Fides occidit rationem, S. 218.

deum, eius sapientiam, potentiam et occidit deum.«[59] Sie ist zu verstehen als »*hostem maximum et pertinacissimum qui negat virtutem, iustitiam, maiestatem et divinitaten.*«[60] Gerhard Ebeling bringt das *Fides occidit rationem* bei Luther auf den entscheidenden theologischen Punkt: »Das Getötet-werden der Vernunft durch den Glauben korrespondiert dem Getötet-werden Gottes durch die Vernunft und hat seinen theologischen Grund im *Christus mortuus* und in der *mortificatio* des Glaubenden als dem Mitgekreuzigtwerden mit Christus. Ist man sich dessen bewusst, wie zentral diese anscheinend exzentrische Aussage über die *ratio* im Gesamtverständnis des christlichen Glaubens verankert ist, so sollten sich törichte Missverständnisse von selbst erledigen. Bei dem Töten der *ratio* kann es sich nicht um einen Akt geistiger Selbstverstümmelung handeln, der aus Hass oder Angst entspringt. Es ist überhaupt nicht Tat des Menschen, sondern das Wirksamwerden des Glaubens«[61] und somit die Folge einer alles Negative überwindenden Bejahung. Die *ratio* wird zum Schweigen gebracht[62], weil der *Deus loquens* Gehör gefunden hat. Das *occidere rationem* erfolgt durch die *virtus fidei*[63], die sich als *creatrix divinitatis in nobis* erweist. Diese beiden extremen Pole in Luthers Auslegung von Gal 3,6 fügen sich zu einem einzigen Sachverhalt. Denn indem Gott zu seinem Recht kommt, wird auch die *ratio* zurechtgebracht, ihre Perversion vernichtet und der Mensch zu dem gottgewollten *usus rationis* befreit. Indem ihrem Dasein als Feindin Gottes ein Ende gemacht wird, nimmt sie wieder ihren Charakter als Gabe

---

[59] MARTIN LUTHER, Galaterkommentar (1535), WA 40/1, 362,4 f. (Hs); GERHARD EBELING, Fides occidit rationem, S. 218.

[60] MARTIN LUTHER, Galaterkommentar (1535), WA 40/1, 362,9 f. (Hs); GERHARD EBELING, Fides occidit rationem, S. 218.

[61] MARTIN LUTHER, Galaterkommentar (1535), WA 40/1, 362,1 f. (Hs): »Abraham non potuit occidere, [nec] universa creatura; illam occidit sua fides.«

[62] MARTIN LUTHER, Galaterkommentar (1535), WA 40/1, 362,6 (Hs): »volo, ut sis stulta, taceas.«

[63] MARTIN LUTHER, Galaterkommentar (1535), WA 40/1, 361,7 f. (Hs); vgl. WA 40/1, 362, 6.10 f. (Hs), WA 40/1, 365,10 (Hs).

des Schöpfers an. »Weil die Bestie, zu der sie entartet ist umgebracht wird, kann die *ratio* zu dem gottgemäßen Herrschen des Menschen dienen.«[64]

---

[64] GERHARD EBELING, Fides occicit rationem, S. 219 f.

THEODOR DIETER:
Widersprüchliche Vernunft? Beobachtungen zu Luthers Umgang mit ‚der' Vernunft

I. Einleitung

In einer seiner Kriminalgeschichten erzählt G.K. Chesterton, wie Pater Brown, der kleine Priester aus Essex, mit dem lange gesuchten Meisterdieb Flambeau zusammentrifft, der sich als Priester verkleidet und offenbar die Absicht hat, ein wertvolles, mit Edelsteinen besetztes Kruzifix zu stehlen. Flambeau, der sich auf viele Tricks versteht und auch einen Priester gut darzustellen vermag, wird vom kleinen Pater dennoch als falscher Priester entlarvt. Wie dieser das erkannt habe, will der Dieb wissen. »Sie griffen die Vernunft an«, sagt Pater Brown, »das tut kein Theologe.«

Martin Luther hat die Vernunft bekanntlich oft, sehr oft angegriffen. Würde er deshalb von Pater Brown als falscher Theologe entlarvt werden? Das muss man wohl annehmen. Die Reaktion evangelischer Theologen darauf wäre vermutlich etwas widersprüchlich. Während sie – jedenfalls in der Vergangenheit – gerne Luthers Kritik der Vernunft wiederholt und sich zu eigen gemacht haben, reagieren sie beleidigt, wenn man ihre Theologie deswegen unvernünftig nennt, wie es, so meinen viele, Papst Benedikt XVI. in seiner Regensburger Rede getan habe[1]. Aber brauchen sie

---

[1] Vgl. BENEDIKT XVI., Glaube, Vernunft und Universität. Erinnerungen und Reflexionen. Vorlesung des Papstes beim Treffen mit Vertretern der Wissenschaften im Auditorium Maximum der Universität Regensburg am 12. September 2006, in: BENEDIKT XVI., Glaube und Vernunft. Die Regensburger Vorlesung, kommentiert von GESINE SCHWAN, ADEL THEODOR KHOURY, KARL LEHMANN, Freiburg/Basel/Wien 2006, S. 23-29. Darin zeichnet der Papst die Reformation in drei Bewegungen der Enthellenisierung ein. Allerdings ist die Frage nach dem griechischen Erbe des christlichen Glaubens nicht identisch mit der Frage nach der Rolle der

sich über eine solche Unterstellung zu wundern, wenn sie doch so oft und mit so viel Begeisterung Luthers Attacken gegen die Vernunft wiederholt haben? Man möchte die Vernunft aus dem Raum der Theologie verweisen und doch nicht unvernünftig erscheinen. Das ist ein einigermaßen widersprüchliches Verhalten der Vernunft gegenüber.

Freilich: Wenn man die Vernunft kritisiert, muss man Gründe dafür nennen, falls man sie nicht nur beschimpfen will. Gründe vorzubringen – logon didonai – ist aber der Grundvorgang vernünftiger Tätigkeit. Die Kritik der Vernunft ist also, soweit sie Gründe geltend macht, schon ein Vollzug von Vernunft, so dass sich eine Kritik der Vernunft, die sich recht versteht, nicht als Verwerfung der Vernunft, sondern nur als Streit um die rechte Vernunft vollziehen kann. Weil dieser Streit ein Streit mit Argumenten ist, geht es in ihm zugleich darum, was als Argument gelten kann.

Diese Beobachtung hat für unseren Umgang mit Luthers Kritik der Vernunft erhebliche Konsequenzen. Wir können nicht länger von »der« Vernunft sprechen, als sei diese eine feste Größe, während sie tatsächlich umstritten ist. Man könnte in gewissem Sinn sagen: Vernunft ist der argumentativ geführte Streit darum, was Vernunft ist. Dann können wir nicht einfach Luthers oft polternden Bemerkungen gegen »die« Vernunft folgen; es gilt vielmehr, bei seinen einzelnen Bemerkungen zu fragen, was ihm jeweils vor Augen steht, was er daran kritisiert und mit welchen Gründen er es tut. Wir können nicht annehmen, dass Luther mit »Vernunft« immer dasselbe meint und erst recht nicht, dass es sich mit dem deckt, was man heute darunter verstehen kann. Wir müssen zwischen Luthers Äußerungen *über* die Vernunft und seinem *alltäglichen Vollzug* von Vernunft unterscheiden. Luther war sein ganzes Leben in Kontroversen um die rechte Lehre verwickelt. Da konnte er – jedenfalls am Anfang – eine Kontroverse

---

Vernunft in der Theologie. Der genaue Inhalt der Kritik des Papstes ist nicht klar, weil er sein Verständnis von Vernunft merkwürdigerweise wenig entfaltet, obwohl er so viel von der Zusammengehörigkeit von Glauben und Vernunft spricht. Er sieht »bei Duns Scotus eine Position des Voluntarismus« (a.a.O., S. 20 f.) beginnen; aber ist nur im »sogenannten augustinischen und thomistischen Intellektualismus« (a.a.O., S. 20) »die Synthese von Griechischem und Christlichem« (ebd.) zureichend gewahrt? Waren es nicht konsequent rationale Überlegungen, die die Entwicklung der Theologie von Duns Scotus bestimmt haben?

nicht mit einem *Lutherus dixit* entscheiden; das haben seine Anhänger später getan und tun es zum Teil bis heute. Nein, Luther musste Argumente vorbringen, von denen er erwarten konnte, dass sie seine Gegner überwinden oder überzeugen könnten. Von der »Heidelberger Disputation« haben wir höchst sorgfältig ausgearbeitete Beweise. Was aber sind solche *probationes* anderes als faktischer Vollzug von Vernunft, wenn sie denn schlüssig sind?

Daraus sollten wir in methodischer Hinsicht die Konsequenz ziehen, nicht nur zwischen Luthers Aussagen über die Vernunft und seinem Gebrauch der Vernunft in Argumentationen zu unterscheiden, sondern auch zu fragen, ob seine Argumentationen schlüssig oder beweiskräftig sind. Argumentationen sollten, wenn man ihren impliziten Anspruch ernst nimmt, nicht nur referiert, sondern auch geprüft werden. In der Lutherforschung werden die einschlägigen Äußerungen Luthers zur Vernunft wieder und wieder paraphrasiert und kommentiert; es wird gesagt: ‚Luther sieht das so', ‚Luther ist überzeugt, dass ...' und ähnliches. Aber selten wird die Frage gestellt: Hat Luther denn Recht mit seinen Äußerungen? Man wird dieser schlichten Frage entgegenhalten, dass so zu fragen hermeneutisch naiv sei. Mit Bezug auf welchen Kontext soll denn gezeigt werden, dass Luther Recht oder Unrecht hat? Der Einwand ist völlig berechtigt, und dennoch befriedigt er nicht, denn wenn es keinen Sinn hat zu sagen: Hier hat Luther nicht Recht, dann kann man auch keinen Wahrheitsanspruch für seine Lehre erheben. Das aber tun wir, oder das möchte ich jedenfalls tun.

II. Ein Beispiel für die rationale Struktur von Luthers Theologie

Nach diesen einleitenden Bemerkungen möchte ich im Folgenden ein Beispiel geben für die rationale Struktur von Luthers Praxis der Theologie, und zwar anhand einer *probatio* aus der »Heidelberger Disputation«. Sie ist Teil einer, wie die Bonner Ausgabe sagt, »vorbereitende[n] Niederschrift zur Heidelberger Disputation«[2]; in der Studienausgabe findet sie sich als Teil eines *praeparatoriums* unter der Überschrift »Contra scholasticorum sententiam«[3]. Der Satz, der bewiesen werden soll, lautet: »Der Gerechte sündigt, auch wenn er gut handelt.«[4] Für diesen Satz werden zuerst Autoritätsargumente (*autoritates*) vorgebracht; in diesem Fall handelt es sich um mehrere Bibelstellen, die kommentiert und so als Argumente gebraucht werden[5]. Dann aber folgt ein Abschnitt, der die Überschrift trägt: »Ratione probo«[6]. Wie sieht nun die Begründung einer These aus, die nicht die Überschrift »Probatur autoritatibus«[7], sondern »Ratione probo« trägt? Der Beweis besteht aus zwei aufeinander bezogenen Syllogismen mit Ober- und Untersatz (*propositio maior/propositio minor*), deren Struktur nicht sofort erkennbar ist, und zwei nicht syllogistischen Begründungen.

Beweisziel ist: »Quod iustus etiam inter bene operandum peccet« (p. 0; siehe oben).

Erster Syllogismus:

Jeder, der weniger tut, als er muss, sündigt[8] (p. 1, *maior*).

Jeder Gerechte, der gut handelt, tut weniger, als er muss[9] (p. 2, *minor*).

---

[2] Vgl. Luthers Werke in Auswahl (= BoA), Bd. V, hg. von ERICH VOGELSANG, Berlin ³1963, S. 392, 19 f. Die ganze Niederschrift: S. 392,21-402,39. WA 1, 365,21, spricht von einer »Explicatio conclusionis sextae«; aber das ist ein Zusatz der Herausgeber.

[3] MARTIN LUTHER, Studienausgabe (= StA), Bd. 1, hg. von HANS-ULRICH DELIUS, Berlin ³1979, S. 190,1. Die Bezeichnung *praeparatorium*: a.a.O., S. 188. Die Studienausgabe folgt Druck B (a.a.O., S. 187 f.) und bringt a.a.O., S. 190,1-200,3, nur einen Text, der BoA V; S. 394,3-402,39 entspricht. Zur Überlieferungsproblematik vgl. BoA V, S. 375 f. und StA S. 1, 188.

[4] BoA V; 394,3: »Quod iustus etiam inter bene operandum peccet.«

[5] Vgl. BoA V; 394,4-395,11.

[6] BoA V; 395,12.

[7] BoA V; 393,32. StA 1, 190, hat diese Überschrift und die vier folgenden Zeilen (BoA V; 393,33-394,2) nicht, weil sie die Überlieferungsproblematik etwas anders beurteilt.

[8] BoA V; 395,13: »Quicunque minus facit quam debet, peccat.«

[9] Z. 13 f.: »Sed omnis iustus bene faciens minus facit quam debet.«

Widersprüchliche Vernunft? Beobachtungen zu Luthers Umgang mit ‚der' Vernunft

(Jeder Gerechte, der gut handelt, sündigt [p. 3 = p. 0, *conclusio*; nicht ausgesprochen, weil offensichtlich]).

Der folgende Syllogismus beweist den Untersatz p. 2 des ersten Syllogismus[10]:

Jeder, der nicht mit einer völligen und vollkommenen Liebe zu Gott gut handelt, tut weniger, als er muss[11] (p. 4, *maior*).

Jeder Gerechte ist von dieser Art[12] (dass er Gott nicht mit einer vollkommenen Liebe liebt, wenn er gut handelt) (p. 5; *minor*).

(Jeder Gerechte tut weniger, als er muss [p. 6 = p. 2; conclusio nicht ausgesprochen, weil offensichtlich].)

Im Folgenden wird ein Beweis für den Obersatz p. 4 geboten, der zwar eine Schlussfolgerung, jedoch keine syllogistische enthält. »Den Obersatz beweise ich durch jenes Gebot: ‚Du sollst den Herrn, deinen Gott, lieben aus deinem ganzen Herzen und mit allen deinen Kräften'.« Nun könnte man annehmen, dass dieses Gebot nur für Israel, nicht aber für die Christen gilt. Deswegen führt Luther den Satz Jesu an, dass kein Jota vom Gesetz vergeht, und zieht dann eine Konsequenz: »Darüber sagt der Herr Matthäus 5[,18]: ‚Nicht ein einziges Jota oder ein einziges Häkchen vom Gesetz wird vergehen, bis alles geschieht.' Also muss man Gott mit allen Kräften lieben, oder wir sündigen.«[13]

Den Untersatz Z. 5 sieht er durch zuvor Gesagtes bewiesen. Worauf er verweist, kann man aus der folgenden Erläuterung erkennen: »Denn das Wider-Wollen [*noluntas*] im Fleisch und in den Gliedern verhindert diese Ganzheit, so dass nicht alle Glieder und Kräfte Gott lieben; vielmehr leistet

---

[10] Z. 15: »Minorem [propositionem] probo.«

[11] Z. 15 f.: »Quicunque non plena et perfecta Dei dilectione bene facit, minus facit quam debet.«

[12] Z. 16 f.: »Sed omnis Iustus ille est huiusmodi.«

[13] Z. 17-21: »Maiorem probo per illud praeceptum: ‚Diliges Dominum Deum tuum ex toto corde et totis viribus' etc. De quo Dominus Matth. 5[,18]. ‚Unum iota aut unus apex non praeteribit a Lege, donec omnia fiant.' Ergo oportet ex totis viribus diligere Deum, aut peccamus.«

[jenes Wider-Wollen] dem inneren, Gott liebenden Willen Widerstand.«[14] Die Stichworte »Fleisch« und »Glieder« in Verbindung mit »noluntas« legen nahe, dass Luther auf seine Auslegung von Römer 7 im vorausgegangenen Autoritätenbeweis verweist. Die Stelle sei ausführlich zitiert, weil das Argument zwar wohl bekannt ist, dennoch, wie es scheint, in der systematischen Lutherforschung nicht ernstgenommen wird[15]:

Luther bezieht sich auf Römer 7,19 (»Das Böse, das ich nicht will, das tue ich; das Gute, das ich will, tue ich nicht«) und 7,22.23a (»Ich freue mich am Gesetz Gottes nach dem inneren Menschen, ich sehe aber ein anderes Gesetz in meinen Gliedern, das dem Gesetz meines Geistes widerstrebt«) und urteilt: »Siehe, er hat zugleich Freude und Missfallen am Gesetz Gottes; zugleich will er das Gute nach dem Geist, und dennoch tut er das nicht, sondern das Gegenteil. Dieses Gegenteilige ist deshalb eine Art Wider-Wollen [*noluntas*], welches immer zusammen mit dem Willen ist. Durch diesen [Willen] handelt er gut und durch jenes [Wider-Wollen] böse. Das Wider-Wollen [*nolle*] kommt aus dem Fleisch, das Wollen [*velle*]

---

[14] Z. 21-24: »Sed minor, quod non ex totis viribus diligamus, supra probata est, Quia noluntas in carne et in membris impedit hanc totalitatem, ut non tota membra seu vires diligant Deum, sed resistit interiori voluntati Deum diligenti.« »Velle« und »nolle« verhalten sich wie bejahen und verneinen zueinander; beides sind Willensakte. »Nolle« ist von »non velle« zu unterscheiden: »non velle« meint die Abwesenheit eines Willensaktes, während »nolle« das wollende Verwerfen von etwas meint. Luther erörtert selbst den Unterschied, nach BoA V; 392,27-31, kurz vor unserer Stelle, der Studienausgabe zufolge in einem anderen Zusammenhang (StA 1, 187f.): »[...] notandum, quod actus contrarii voluntatis sint velle et nolle, quorum utrumque est positivum; [actus] contradictorii sint velle et non velle, item nolle et non nolle: Hoc est, aliquando vult, aliquando autem neque vult neque non vult [richtig muss es heißen: nolit], sed manet neutra et sine actu.« Darum wird das Wort »noluntas« im Folgenden mit »Wider-Wollen« wiedergegeben. Obwohl sprachlich parallel zu »voluntas« gestaltet, meint »noluntas« nicht ein Vermögen, auch nicht einen einzelnen Akt (*nolle*), sondern fasst das verwerfende Wollen zusammen; darum der Ausdruck: Wider-Wollen.

[15] Die Konsequenz des Arguments, das *simul iustus et peccator*, wird sehr oft als lutherisches Schibboleth hoch geschätzt, während man das Argument, auf dem das *simul* ruht, kaum zur Kenntnis nimmt, vermutlich, weil es unserem heutigen Lebensgefühl völlig widerspricht. Man kann aber das Eine nicht ohne das Andere haben.

aus dem Geist. Deswegen ist dort so viel Sünde, wie viel Wider-Wollen, Beschwerlichkeit, Zwang, Widerstand ist, und so viel ist dort an Verdienst[16], wie viel an Willen, Neigung, Freiwilligkeit, Freude ist. Diese beiden sind nämlich in jedem Leben und in jedem unserer Werke vermischt. »Denn wenn das Wider-Wollen vollständig ist, findet sich dort schon Todsünde und Abwendung [von Gott]. Dass aber der Wille ganz wäre, das findet sich in diesem Leben nicht. Deswegen sündigen wir immer, wenn wir gut handeln, wenn auch manchmal weniger und manchmal mehr. Das ist nämlich der Grund dafür, dass es auf der Erde keinen Gerechten gibt, der gut handelt und nicht sündigt' [Koh 7,20 (Eccl 7,21)]. Einen solchen Gerechten gibt es nur im Himmel. Wie also der Mensch ohne dieses Wider-Wollen nicht ist, so handelt er auch nicht ohne es, und darum ist er nicht ohne Sünde.«[17]

Damit hat Luther das Beweisziel (Der Gerechte sündigt, auch wenn er Gutes tut) erreicht; die einzelnen Argumentationsschritte sind klar markiert und können gegebenenfalls in einer Disputation einzeln überprüft werden. Der Ausdruck »Ratione probo« meint, dass Luther hier seine Be-

---

[16] Das Wort »meritum« wird man hier nicht im Sinne der scholastischen Verdienstlehre verstehen können, sondern in einem weiten Sinn als etwas Gutes mit Bezug auf Gott und in seinem Urteil.

[17] BoA V; 394,14-395,1: »Secundo [zweiter Schriftbeleg für den Satz: Quod iustus etiam inter bene operandum peccet] per illud Apostoli Rom. 7[,19]. ,Quod nolo malum, hoc ago, Quod volo bonum, non ago.' Et infra [V. 22]: ,Condelector legi Dei secundum interiorem hominem, Video autem aliam legem in membris meis, repugnantem legi mentis meae.' Ecce simul delectatur et displicet in lege Dei, Simul vult bonum secundum spiritum, et tamen hoc non agit, sed contrarium. Hoc itaque contrarium quaedam est noluntas, quae semper est, quando est voluntas. Per hanc bene facit et per illam male facit. Nolle est ex carne et velle ex spiritu. Ideo tantum ibi est peccati, quantum noluntatis, difficultatis, necessitatis, resistentiae, Et tantum ibi meriti, quantum voluntatis, pronitatis, libertatis, hilaritatis. Mixta enim sunt haec duo in omni vita et opere nostro. Quod si sit tota noluntas, iam ibi est peccatum mortale et aversio. Tota autem voluntas in hac vita non est. Ideo semper peccamus, dum benefacimus, licet quandoque minus, quandoque magis. Haec enim est causa, quare ,not sit iustus in terra, qui faciat bene et non peccet' [Koh 7,20]. Est autem talis iustus in coelo tantummodo. Sicut ergo homo sine ista noluntate non est, ita nec sine ea operatur, Ac per hoc nec sine peccato est.«

gründung mit den formalen Mitteln der Logik (Syllogistik) gestaltet, während die Inhalte der Propositionen aus der Heiligen Schrift genommen sind. Dabei hat sich gezeigt: Luther orientiert den Begriff der Sünde am Liebesgebot, und zwar versteht er dieses Gebot so, dass es die ungeteilte liebende Hingabe des Menschen an Gott fordert. Wo der Mensch Gott nicht ungeteilt liebt, sündigt er.

Was aber hat das mit dem freien Willen zu tun? Die hier analysierte Begründung steht in Zusammenhang mit der Frage: »Utrum voluntas hominis extra gratiam constituta libera sit, an potius serva et captiva?«[18] Luther fragt nach der Freiheit des Willensvermögens, aber seine Argumentation spricht von Mühelosigkeit und Freude beim Tun des Guten oder umgekehrt von Wider-Wollen, Mühe, Zwang, Widerstand. Bei genauerem Zusehen zeigt sich hier eine fundamentale Ambivalenz in Luthers Denken. Sie ist folgendermaßen zu verstehen: Es geht um die Erfüllung des Willens Gottes. Nichterfüllung des Willens Gottes ist Sünde. Der Wille Gottes ist, dass wir Gott mit allen Kräften, also mit unserem ganzen Menschsein lieben. *Eine solche Erfüllung* des Willens Gottes ist uns Menschen nicht möglich, wie Luther in der untersuchten *probatio* gezeigt hat, auch nicht im Tun guter Werke und auch nicht mit Hilfe der Gnade. Nun reden aber auch die Scholastiker von der Erfüllung des Willens Gottes und der Gebote. Auch sie kennen das Gebot, Gott mit allen Kräften zu lieben. Aber die Scholastiker sagen, dass wir als Menschen nur unseren Willen in unserer Gewalt haben, nicht jedoch alle Kräfte unseres Menschseins, unsere Affekte, Strebungen usw. Deswegen, argumentieren sie, kann Gott von uns nur fordern, was grundsätzlich in unserer Macht steht, und das sind die Willensakte. Die Willensakte sind *velle* (wollen) oder auch *diligere* (lieben). »Lieben« und »wollen« sind hier gleichbedeutend. Für Spätscholastiker wie Gabriel Biel aber ist es dem Willen möglich, Gott über alles zu lieben, mehr als alles andere zu wollen, dass er ist. Wollen, dass

---

[18] BoA V; 392,21 f. StA 1 nimmt Luthers Antwort auf diese Frage (BoA V; 392,21-394,2) nicht zusammen mit den Darlegungen Luthers zu dem Satz »Quod iustus etiam inter bene operandum peccet« (BoA V; 394,3-402,39 = StA 1, 190,1-200,3). Die überlieferungstechnische Frage ändert aber nichts am sachlichen Zusammenhang.

Widersprüchliche Vernunft? Beobachtungen zu Luthers Umgang mit ‚der' Vernunft

Gott ist, dass er Gott ist, ist Liebe zu Gott. Es ist der höchste Akt, zu dem der Wille fähig ist. Mit einem solchen Akt wird das Gesetz erfüllt[19].

Wenn Luther sich mit dieser Position auseinandersetzt, verfolgt er zwei unterschiedliche Argumentationsstrategien. Erstens: Luther kann zeigen, dass ein Akt des Willens noch nicht die Erfüllung des Gesetzes ist, wie Gott sie will, denn er will mit allen unseren Kräften geliebt werden. Luthers Einwand gegen Theologen wie Biel besagt also: Das, was diese für die Erfüllung des Gesetzes halten, nämlich einen Akt des Willens (natürlich verbunden mit dem dazu gehörenden äußeren Akt), ist gar nicht die Erfüllung des Gesetzes[20]. Die zweite Strategie ist komplexer. Luther nimmt

---

[19] Es ist höchst aufschlussreich, wie Gabriel Biel das Verständnis des Liebesgebots erörtert. Er tut das in Collectorium III, dist. 27, qu.un., art. 1, not. 5 (H 1-36) (Collectorium circa quattuor libros Sententiarum, lib.III, hg. von WILFRIDUS WERBECK / UDO HOFMANN, Tübingen 1979, S. 490 f.). Die verschiedenen Fassungen dieses Gebots werden so zusammengefasst, dass die Liebe durch vier Bestimmungen qualifiziert und verschiedenen Vermögen des Menschen zugeordnet wird: »ex toto corde« (»voluntas, quae aliis omnibus imperat« [H 20 f.]), »ex tota mente« (»intellectus, ubi est cognitio et memoria« [H 21 f.]), »ex tota anima« (»vis sensitiva, nam vivificat, et in sensibilibus primo vita [...] apparet, unde ab anima ‚animal' dicitur« [H 22-24]), und »ex tota fortitudine« (»vis motiva corporalium membrorum ad opera ex sequenda« [H 25 f.]). Biel fasst das von hier aus entwickelte ganzheitliche Verständnis der Gottesliebe so zusammen: »Unde tantum valet ‚Diliges Deum ex toto corde tuo' etc. id est: Diliges Deum ex omnibus, quae in te sunt; et nihil in te sit in cogitatione, desiderio, sensu aut opere non subiectum Deo, sed omnia in eum referantur, a quo possideantur.« (H 26-29) Dieses Verständnis bekräftigt Biel mit Hinweis auf Augustin (vgl. H 29-35). Umso mehr erstaunt dann, dass er Folgendes sagen kann: »Possumus autem hoc brevissime exprimere: Diligere Deum ex toto corde etc. est Deum super omnia diligere.« (H 35 f.) Das ist deswegen unverständlich, weil »diligere« ja ein Akt des Willens ist, während zuvor mit einigem Aufwand dargelegt worden ist, dass das Liebesgebot *alle* Kräfte des Menschen umfasst.

[20] In der »Disputatio contra scholasticam theologiam« (1517) tut Luther das auf folgender Weise. Er setzt sich mit diesem Argument Gabriel Biels auseinander: Der Dekalog verpflichtet nicht dazu, dass seine Gebote in der von Gott geschenkten *caritas* erfüllt werden; denn wäre das so, dann würde daraus folgen, dass jeder darin, dass er nicht tötet, nicht die Ehe bricht, nicht stiehlt, sündigt (vgl. BIEL, Collectorium III, dist. 37, qu. un., art. 3, dub. 1 [P 21-30]). Luther bestreitet diese Folgerung: »Non sequitur: ‚lex debet servari et impleri in gratia dei; ergo assidue

die von ihm Kritisierten mit ihrem Anspruch ernst, dass sie meinen, sie könnten das Gesetz Gottes mit eigenen Kräften erfüllen, und zwar mit ihrem Willen. Luther unterstellt jedoch *sein Verständnis der Gesetzeserfüllung mit allen Kräften*. Nun zeigt er, wie wir gesehen haben, dass diese Gesetzeserfüllung nicht möglich ist. Daraus schließt er, dass das Vermögen nicht da ist zu einer solchen Gesetzeserfüllung. Das Vermögen zur Gesetzeserfüllung aber ist für die Scholastiker der Wille mit seiner Freiheit. Also gibt es die Freiheit des Willens nicht[21]. Was Luther aber tatsächlich beweist, ist, dass es ein Vermögen zur Gesetzeserfüllung *mit allen Kräften* nicht gibt. Das aber haben die Scholastiker auch nicht behauptet; sie haben ja ein anders Verständnis von Gesetzeserfüllung. Wenn man Luthers Argumentation folgt und fragt, was er mit dieser Argumentation bewiesen hat, dann ergibt sich, wie gesagt: Der Mensch hat nicht das Vermögen zur einer ungeteilten Gottesliebe. Das aber ist etwas anderes als die Freiheit des Willens. Daraus muss man schließen, dass Luther keineswegs die Un-

---

peccat, qui extra gratiam dei est non occidendo, non moechando, non furando'« (BoA V; 325,2-4; Zitate im Zitat von BIEL). Die richtige Folgerung ist vielmehr die: Ohne die Gnade Gottes sündigt ein Mensch nicht darin, dass er einen anderen nicht tötet oder nicht die Ehe bricht (das wäre in der Tat widersinnig), wohl aber sündigt er, indem er das Gesetz nicht geistlich erfüllt, also nicht mit seiner ganzen Person (»Sed sequitur: peccat non spiritualiter legem implendo«; BoA V; 325,5).

[21] So argumentiert Luther in der Römerbriefvorlesung (jedenfalls im Manuskript), wenn er ausruft: »O stulti, O Sawtheologen!« (WA 56, 274,14). Der Satz, gegen den er polemisiert, lautet: »Quod homo ex viribus suis possit Deum diligere super omnia« (a.a.O., Z. 12). Unter anderem appelliert Luther an die Erfahrung derer, die diesen Satz vertreten: »Et poterant stultissimae suae huius sententiae moneri, pudere et poenitere vel ipsa saltem propria experientia, quia, velint nolint, sentiunt pravas in seipsis concupiscentias. Hic ergo dico: Hui! Nunc, quaeso, satagite! Estote viri! Ex totis viribus vestris facite, ut non sint istae concupiscentiae in vobis. Probate, quod dicitis, ,ex totis viribus' Deum diligi posse naturaliter, sine denique gratia. Si sine concupiscentiis estis, credimus vobis. Si autem cum et in ipsis habitatis, iam nec legem impletis. Quippe lex dicit: ,non concupisces,' Sed ,Deum diliges'.« (WA 56, 275,2-10, Schreibweise leicht modernisiert) In die Widerlegung des scholastischen Satzes trägt Luther sein eigenes, biblisch begründetes Verständnis des Gebots der Gottesliebe ein. Er sagt, was die Scholastiker hätten beweisen müssen (tatsächlich hatten sie ein anderes Beweisziel), um zu erreichen, was sie erreichen wollten.

freiheit des menschlichen Willens bewiesen hat. Das präzise Ergebnis seiner Beweisführung hätte Luther so formulieren müssen: Auch wenn wir annehmen, dass die Menschen einen freien Willen haben und dass sie mit diesem Willen Gott lieben können, so ist das keineswegs die Erfüllung des Willens Gottes, die dieser von uns erwartet. Dann würde Luther die Erfüllbarkeit des Willens Gottes bestreiten, ohne die Freiheit des Willens bestreiten zu müssen oder bestreiten zu können. Trifft diese Analyse zu, dann ist das ein ziemlich weitreichendes und vielleicht schockierendes Ergebnis.

Wir haben in diesem zweiten Teil an einem Beispiel untersucht, wie Luther die Vernunft *in* der Theologie zur Geltung bringt, und zwar hier in Gestalt der syllogistischen Methode. Dann aber haben wir ernst genommen, dass eine Argumentation nicht nur nacherzählt, sondern auch nachgeprüft werden will, und dabei sind wir auf eine Ambivalenz in der Argumentation Luthers gestoßen, die ein wichtiges Thema seiner Theologie und Gegenstand eines tiefen Konflikts mit der Philosophie, die Bestreitung der Freiheit des Willens, in einem andern Licht erscheinen lässt.

III. Luthers Kritik an der Lehre des Aristoteles vom Gerechtwerden

»Wir werden nämlich nicht, wie Aristoteles meint, gerecht, indem wir Gerechtes tun, sondern indem wir sozusagen gerecht werden und gerecht sind, tun wir Gerechtes. Zuerst muss die Person verwandelt werden, dann die Werke.«[22] Diese Kritik an Aristoteles hat Luther viele Male wiederholt, und seine Interpreten haben sie ungezählte Male interpretierend aufgegriffen[23]. Tatsächlich lehrt Aristoteles genau das, was Luther sagt[24]. Die

---

[22] MARTIN LUTHER, WA Br. 1, 70,29-31 (an Spalatin am 19. Oktober 1516): »Non enim, ut Aristoteles putat, iusta agendo iusti efficimur, nisi simulatorie, sed iusti (ut sic dixerim) fiendo et essendo operamur iusta. Prius necesse est personam esse mutatam, deinde opera.«

[23] Vgl. etwa KARL-HEINZ ZUR MÜHLEN, Reformatorische Vernunftkritik. Dargestellt am Werk Martin Luthers und F. Gogartens (BHTh 59), Tübingen 1980, S. 44-167.

Frage ist nur, was daran falsch sein soll. Unsere ganze Erziehung beruht darauf, dass wir durch wiederholte Übung bestimmte feste Gewohnheiten erwerben, die uns die betreffenden Akte gut, leicht und mit Lust zu vollziehen erlauben. Kein Musikunterricht, kein Sporttraining, auch keine Moralerziehung ohne die Regel des Aristoteles. Es fällt auf, dass Luther nur die Hälfte der aristotelischen Tugendlehre wiedergibt, nämlich die Lehre vom Erwerb der Tugend, nicht aber das, was Aristoteles über den Sinn der Tugend sagt, dass sie eine qualifizierte Ausübung bestimmter Tätigkeiten ermöglichen soll[25]. Ihm geht es nur um die eine Frage: Gibt es einen tugendhaften Akt ohne Tugend? Luther geht es nicht um die Wiederholung der Akte, die dann zur Ausbildung einer bestimmten Disposition führt, sondern um die Möglichkeit, überhaupt einen tugendhaften Akt zu vollführen, solange man noch nicht im Besitz der Tugend ist. Das aber ist das Thema der Freiheit, auf das wir vorher schon gestoßen sind.

Nun sieht aber Luther selbst, dass er in der Frage des Gerechtwerdens bestimmte Unterscheidungen vornehmen muss, um das Verhältnis zur philosophischen Lehre korrekt zu bestimmen. In der Großen Galaterbrief-Vorlesung stellt er fest: »Philosophie und Theologie sind sorgfältig zu unterscheiden. Die Philosophie weiß auch um einen guten Willen und die rechte Vernunft. Und die Sophisten – die Scholastiker – sind gezwungen zuzugeben, dass das moralisch gute Werk nicht gut ist, wenn nicht zuvor

---

[24] Vgl. ARISTOTELES, Nikomachische Ethik, II,1 (1103a28-b2; Übersetzung E. ROLFES [Philosophische Bibliothek Meiner 5, hg. von G. BIEN, Hamburg 1972]): »Wir haben [...] nicht durch oftmaliges Sehen oder oftmaliges Hören den betreffenden Sinn bekommen, sondern es ist umgekehrt dem Besitz der Gebrauch gefolgt, nicht dem Gebrauch der Besitz. Die Tugenden dagegen erlangen wir nach vorausgegangener Tätigkeit, wie dies auch bei den Künsten der Fall ist. Denn was wir tun müssen, nachdem wir es gelernt haben, das lernen wir, indem wir es tun. So wird man durch Bauen ein Baumeister und durch Zitherspielen ein Zitherspieler. Ebenso werden wir aber auch durch gerechtes Handeln gerecht, durch Beobachtung der Mäßigkeit mäßig, durch Werke des Starkmuts starkmütig.« II,3 (1005b9-12): »Es ist also richtig gesprochen, dass man durch Handlungen der Gerechtigkeit ein gerechter und durch Handlungen der Mäßigkeit ein mäßiger Mann wird. Niemand aber, der sie nicht verrichtet, ist auch nur auf dem Weg, tugendhaft zu werden.«

[25] Vgl. dazu die drei ersten Kapitel des zweiten Buches im Ganzen.

der gute Wille da ist.«[26] Es ist merkwürdig, dass Luther meint, die Scholastiker seien gezwungen, dies zuzugeben, obwohl für sie die *bona voluntas* ja gerade Bestimmungsmoment des guten Aktes ist. Dazu müssen Scholastiker nicht gezwungen werden, das ist die Pointe ihrer Konzeption! Freilich ist mit *bona voluntas* nicht eine Eigenschaft des Willens gemeint, sondern der jeweilige Willensakt, der einer Handlung sachlich vorausgehen muss, soll diese gut genannt werden können. Luther unterscheidet die Verhältnisse in Natur, Moral und Theologie und stellt in allen drei Bereichen eine gemeinsame Struktur fest: Der guten Tätigkeit muss etwas vorausgehen, das nicht von dieser hervorgebracht wird. Für die Natur gilt: Der Baum ist früher als die Frucht; nicht die Frucht macht den Baum, sondern der Baum die Frucht. Das gilt, wie Luther sagt, *substantialiter* et *naturaliter*[27]. In der von evangelischen Theologen viel geschmähten Substanzontologie wird also gerade das festgehalten, was Luther wichtig ist und das er so formuliert: »in natura esse praecedere operari« (Z. 21) – in der Natur geht das Sein dem Tun voraus[28]. In der Moralphilosophie heißt »tun«: einen guten Willen zu haben und die rechte Vernunft mit Bezug auf das Handeln. Dabei, sagt Luther, bleiben die Philosophen stehen. Aristoteles, der Sadduzäer und bürgerliche Mensch, spricht von rechter Vernunft und gutem Willen, wenn jemand den gemeinen Nutzen des Gemeinwesens sucht, Ruhe und Ehrbarkeit. Der Philosoph oder Gesetzgeber geht nicht darüber hinaus. Für Aristoteles ist Gott nicht *causa finalis*, letztes Ziel des Lebens. Der Moralphilosoph denkt nicht, dass er mit der rechten Vernunft und dem guten Willen Vergebung der Sünden und das ewige Leben

---

[26] MARTIN LUTHER, Galaterbrief-Vorlesung (1535), WA 40/1, 410,14-17: »Diligenter discerni debent Philosophia et Theologia. Philosophia habet etiam bonam voluntatem et rectam rationem. Et sophistae coguntur fateri opus moraliter non esse bonum, nisi adsit prius bona voluntas.«

[27] MARTIN LUTHER, Galaterbrief-Vorlesung (1535), WA 40/1, 410,19-22: »Sic et substantialiter et naturaliter arbor prior est quam fructus, ut ipsimet fatentur et docent: in natura esse praecedere operari et in moralibus requiri bonam voluntatem ante opus.«

[28] Vgl. THOMAS VON AQUIN, Summa theologiae III, qu.34, art. 2 ad 1: »esse est prius natura quam agere.« Summa contra gentiles III, cap. 69: »agere sequitur ad esse in actu.«

verdienen kann. Der heidnische Philosoph ist weit besser als der Scholastiker und Mönch, denn er vermischt nicht Göttliches mit Menschlichem; er bleibt in seinen Grenzen. Das aber tun die Scholastiker nicht; sie stellen sich vor, dass Gott ihre gute Intention und ihre Werke ansieht[29].

Wie sich die Bestimmung des Tuns (*facere*) ändert, wenn man vom Bereich der Natur in den Bereich der Moral kommt, so ändert sich erst recht dessen Gehalt, wenn man von der Moral in die Theologie übergeht. Das Wort »tun« erhält hier eine neue Bedeutung. In der Theologie setzt Tun immer den Glauben voraus. Tun ist »aus dem Glauben kommendes Tun.«[30]

---

[29] MARTIN LUTHER, Galaterbrief-Vorlesung (1535), WA 40/1, 410,24-411,21: »Quare aliud est facere in natura, aliud in Philosophia, aliud in Theologia. In natura primum oportet esse arborem, deinde fructum. In morali Philosophia facere est: habere bonam voluntatem et rectam rationem operandi; ibique consistunt Philosophi. Hinc in Theologia dicimus moralem Philosophiam non habere in obiecto et causa finali Deum, quia Aristoteles, Sadducaeus vel homo civiliter bonus vocat hoc rectam rationem et bonam voluntatem, si quaerat communem utilitatem Reipublicae, tranquillitatem et honestatem. altius non assurgit Philosophus vel Legislator, non cogitat per rectam rationem etc. consequi remissionem peccatorum et vitam aeternam, ut Sophista aut Monachus. Ideo Gentilis Philosophus longe melior est tali Iusticiario; manet enim intra limites suos, habens tantum rationem honestatis et tranquillitatis publicae, non miscens humanis divina. Hoc Sophista non facit; imaginatur enim Deum spectare suam bonam intentionem et opera. Ideo miscet divinis humana polluitque nomen Dei et has cogitationes plane haurit ex Philosophia morali, nisi quod ea peius abutitur quam homo Gentilis etc.«

[30] MARTIN LUTHER, Galaterbrief-Vorlesung (1535), WA 40/1, 411,24-412,21: »Itaque oportet nos altius ascendere in Theologia cum vocabulo Faciendi, ut plane novum fiat. Nam ut ex naturalibus raptum in moralia aliud fit, ita multo magis ex Philosophia et lege translatum in Theologiam aliud fit, ut prorsus hic novam significationem habeat et requirat etiam rectam rationem et bonam voluntatem, sed theologice, non moraliter. Quae est, quod per verbum Evangelii cognosco et credo Deum misisse filium suum in mundum, ut redimeret nos a peccato et morte. Ibi facere est res nova, incognita rationi, Philosophis, Legistis et omnibus hominibus, est enim ‚sapientia in mysterio abscondita' etc. Ergo facere in Theologia necessario praerequirit ipsam fidem [...] Ergo facere in Theologia intelligitur semper de fideli facere.«

Widersprüchliche Vernunft? Beobachtungen zu Luthers Umgang mit ‚der' Vernunft

Wie spätmittelalterliche Scholastiker den Überschritt von der Moral in die Theologie vorgenommen haben, kann man gut an Gabriel Biel studieren. Luther macht solchen Theologen den Vorwurf, dass ihnen zufolge ein Mensch durch gutes Wollen die Vergebung der Sünde und ewiges Leben verdienen könne (siehe oben). Nach Biel ist mit Bezug auf die absolute Macht Gottes (*potentia Dei absoluta*) ein moralisch gutes Werk des Menschen völlig bedeutungslos; Gott könnte es ebenso gut annehmen wie verwerfen. Ganz anders ist das mit Bezug auf die geordnete Macht Gottes (*potentia Dei ordinata*), zu der Gott sich in Freiheit selbst bestimmt hat. Zu dieser gehört ein *pactum Dei* oder eine *ordinatio*, wonach gilt: Gott verweigert dem die Gnade nicht, der tut, was in seinen Möglichkeiten steht[31], und das ist eben ein Akt der Gottesliebe über alles[32]. Dieser Akt ist die höchste Realisierung der menschlichen Freiheit, des moralischen Vermögens des

---

[31] GABRIEL BIEL, Collectorium II, dist. 27, qu.un., art. 2, dub. 4 (O 7-10) (hg. von WILFRIDUS WERBECK / UDO HOFMANN, Tübingen 1984, S. 523): »Deus dat gratiam facienti quod in se est necessitate immutabilitatis et ex suppositione, quia disposuit dare immutabiliter gratiam facienti quod in se est [...]. Illa ergo ordinatione stante et suppositione, non potest non dare gratiam facienti quod in se est, quia tunc esset mutabilis.«

[32] GABRIEL BIEL, Collectorium III, dist. 27, qu. un., art. 3, dub. 2 (Q 61-76) (hg. von WILFIRDUS WERBECK / UDO HOFMANN, Tübingen 1979, S. 505 f.): »[...] secundum legem ordinatam cuilibet facienti quod in se est et per hoc sufficienter disposito ad gratiae susceptionem Deus infundit gratiam secundum illud *Prophetae*: ‚Convertimini ad me, et ego convertar ad vos', Zach. 1[,3], et illud Jac. 4[,8]: ‚Appropinquate Deo, et appropinquabit vobis', scilicet per gratiam« (ferner: Luk 11,9, Jer 29,13 f., Ps 21,27). »Sed perfectissimus modus faciendi quod in se est, quaerendi Deum, appropinquandi Deo et convertendi ad Deum est per actum amoris amicitiae, nec alia dispositio perfectior ad gratiam est homini possibilis. Nam nullo actu magis appropinquare Deo possumus quam diligendo Deum super omnia. Hic enim actus perfectissimus est omnium actuum respectu Dei viatori ex naturalibus haberi possibilium; ergo est immediata et ultima dispositio ad gratiae infusionem, nec immediatior dari potest.« Diese Auffassung weist Luther in der »Disputatio contra scholasticam theologiam« als pelagianisch zurück; vgl. WA 1, 225,17-26. Z. 17-21: »Actus amicitiae non est perfectissimus modus faciendi quod est in se, Nec est dispositio perfectissima ad gratiam Dei aut modus convertendi at appropinquandi ad Deum. Sed est actus iam perfectae conversionis, tempore et natura posterior gratia.«

Menschen. Dass Moral für das Heil von Bedeutung wird, setzt also ein solches *pactum Dei* voraus. Biel unterscheidet zwischen der Substanz oder dem Inhalt des guten Tuns und seiner Verdienstlichkeit; das Erstere steht in des Menschen Hand, das Letztere verdankt sich der Verfügung Gottes. Es ist die *theologische* Theorie des *pactum Dei*, die menschlich-moralischen Vollzügen eine Heilsbedeutung verleiht.

Wenn nun aber Luther betont, dass die Moralphilosophen die Grenzen ihrer Disziplin kennen, während die Scholastiker eine Grenzüberschreitung begehen, dann muss man daraus den Schluss ziehen: Es ist nicht so, wie Luther wiederholt sagt, dass Aristoteles oder die Vernunft die Theologen getäuscht oder verführt hätten; vielmehr muss man umgekehrt feststellen, dass die Theologen die Vernunft verführt und missbraucht haben. Die Kritik an der Philosophie ist in Wahrheit Selbstkritik der Theologie. Ist das so, dann muss man aber auch die Konsequenz ziehen, dass sich die Selbstkritik der Theologie nicht als Kritik der Philosophie vollziehen kann, denn der Philosophie wird ja in ihrem Bereich Recht gegeben. Nicht die aristotelische Philosophie ist verkehrt, sondern die von bestimmten scholastischen Theologen vorgenommene Verhältnisbestimmung, genauer: die besondere Integration jener Philosophie in die Theologie. Es ist diese Verhältnisbestimmung, die der Kritik bedarf. Wenn das so ist, dann kann man nicht von der Rechtfertigungslehre aus die Moralphilosophie des Aristoteles kritisieren und erst recht nicht seine Ontologie. Jedenfalls bräuchte man dazu andere Argumente als die, die Luther vorgebracht hat.

Weil es hier um das Thema der Freiheit geht, soll dieses kurz in einem größeren geistesgeschichtlichen Zusammenhang betrachtet werden. Im Jahr 1277 hat Bischof Tempier von Paris 219 Thesen, die nach seinen Worten von artes-Lehrern, also den Philosophen, vertreten wurden, zu Irrtümern erklärt und alle, die sie weiterhin vertreten sollten, wie auch ihre Hörer mit Exkommunikation bedroht. Auch wenn man bis heute nicht ganz genau weiß, wer solche Auffassungen vertreten hat und was sie im Einzelnen besagen, kann man doch wohl mit van Steenberghen feststellen, dass es sich hier um einen »Syllabus gegen die peripatetische Philosophie in all ihren Formen, den Thomismus nicht ausgenommen«, handelt³³. Es war »die folgenschwerste Verurteilung des Mittelalters [...], die auf lange Zeit die geistige Entwicklung beeinflusst hat«³⁴, und das ausgerechnet gegen Aristoteles! War der Pariser Bischof ein Kritiker des Aristoteles aus theologischem Interesse wie Luther? Eine der verworfenen Thesen behauptet, dass der Wille notwendig will, wenn er in der Verfassung ist, bewegt zu werden, und wenn das, was ihn bewegt, ebenfalls in der betreffenden Verfassung ist³⁵. Hier wird also das aristotelische Lehrstück vom Bewegbaren und Bewegenden auf den Willen bezogen mit der Konsequenz, dass Freiheit des Willens nicht gedacht werden kann. Es geht dem Bischof also darum, die Freiheit des Willens zu verteidigen gegen aristotelische Auffassungen, die diese auszuschließen schienen.

Die Konzeption der Freiheit, die der Bischof bedroht sah, war viele Jahrhunderte zuvor von Kirchenvätern wie Origenes entwickelt worden, und zwar in ausdrücklicher Kritik an der griechischen Wesensphilosophie. Wenn das Wesen dem Tun vorausgeht, ist Freiheit nur schwer zu denken. Origenes hat das Willensmäßige gegenüber dem Naturhaften und Wesenhaften betont. Für Origenes bestimmt die Freiheit das Wesen selbst und ist nicht vom Wesen abhängig. Durch wiederholtes Tun kann sich der Mensch sowohl zum Engel wie zum Dämon machen. »Du aber Mensch, weswegen willst du dich nicht deinem freien Willen überlassen? Weswegen erträgst du es nur widerwillig, [...] dass du selbst zur Ursache deines Heiles wirst?«³⁶ – fragt der Kirchenvater. Gregor von Nyssa steht in dieser

---

33 FERDINAND VAN STEENBERGHEN, Die Philosophie im 13. Jahrhundert, München/Paderborn/Wien 1977, S. 454. Vgl. zum Folgenden auch THEODOR DIETER, Der junge Luther und Aristoteles. Eine historisch-systematische Untersuchung zum Verhältnis von Theologie und Philosophie (TBT 105), Berlin/New York 2001, S. 214-228.

34 FERDINAND VAN STEENBERGHEN, a.a.O., S. 452.

35 These 131: »Quod voluntate existente in tali dispositione, in qua nata est moveri et manente sic disposito, quod natum est movere, impossibile est voluntatem non velle« (zit. nach: Aufklärung im Mittelalter? Die Verurteilung von 1277. Das Dokument des Bischofs von Paris eingeleitet, übersetzt und erklärt von KURT FLASCH, Mainz 1989, S. 204 f.).

36 ORIGENES, EzHom I,3; zit. nach THEO KOBUSCH, Die philosophische Bedeutung des Kirchenvaters ORIGENES. Zur christlichen Kritik an der Einseitigkeit der griechischen Wesensphilosophie, in: ThQ 165 (1984), (S. 94-105) S. 99 bei Anm. 37.

Tradition, wenn er feststellt: »Und wir sind gewissermaßen die Väter unserer selbst, indem wir uns selbst als die hervorbringen, die wir sein wollen, und durch unseren Willen uns nach dem Modell bilden, welches wir wollen.«[37] Der Philosoph Theo Kobusch urteilt darüber: »In der Tat meint man [hier] den Sartre der Antike zu hören – wenn das ein Ehrentitel ist. Jedenfalls scheinen hier, bei Origenes und in seiner Schule, die Wurzeln jener modernen Denkrichtung zu liegen, die von dem Grundsatz der Priorität der ‚Existenz' vor der ‚Essenz' ausgeht.«[38] Man war also sowohl in der Antike wie im Mittelalter der Auffassung, eine starke Idee der Freiheit des Willens gegen die aristotelische Substanz- und Wesensphilosophie geltend machen zu müssen. »Man« – das waren christliche Theologen: Kritiker des Aristoteles im Namen der Freiheit.

Wie aber ist dann zu verstehen, dass Luther offenbar ein solches Freiheitsverständnis gerade mit Aristoteles in Verbindung gebracht hat und es keineswegs als christliche Kritik an Aristoteles gesehen hat? Wenn wir uns den Kommentar des Johannes Buridanus (1300–1358) zur Nikomachischen Ethik ansehen, der im späten Mittelalter weit verbreitet war und den auch Luther möglicherweise benutzt hat, als er in Wittenberg eine Lehrveranstaltung über diese Ethik hielt, machen wir folgende Entdeckung[39]. Aristoteles erörtert das Thema »freiwillig/unfreiwillig« im dritten Buch der Nikomachischen Ethik. Er hat bekanntlich noch nicht die Begriffe des Willens und der Freiheit, wie wir sie dann bei Augustin und in der Scholastik finden. Aber man würde erwarten, dass Buridanus die Frage der Freiheit im Zusammenhang mit dem Thema des Freiwilligen und Unfreiwilligen erörtert. Das tut er aber erst in den Quästionen 7 bis 10, während er zuvor fünf Quästionen hat, die sich mehr mit den Pariser Artikeln des Bischofs Tempier beschäftigen als mit Aristoteles. Das sind Fragen wie die, ob der Wille ein Vermögen zu Entgegengesetztem sei (Luther hat diese Frage in der vorhin erwähnten vorbereitenden Niederschrift zur »Heidel-

---

[37] GREGOR VON NYSSA, De vita Moysis (Gregorii Nysseni Opera VII/1,34, zitiert nach THEO KOBUSCH, a.a.O. [siehe vorige Anm.], S. 104, bei Anm. 78).
[38] THEO KOBUSCH, a.a.O., S. 104.
[39] Nachweise bei THEDOR DIETER, a.a.O. (siehe Anm. 33), S. 225-228.

berger Disputation« berührt) oder ob er, wenn man zwei Fälle nimmt, bei denen alle weiteren Umstände gleich sind, einmal so, das andere Mal entgegengesetzt determiniert ist. Zwar verweist Buridanus auf die Pariser Artikel, aber es ist nicht erkennbar, dass sie als Kritik an Aristoteles gemeint waren. Luther musste sie als Auslegung des Aristoteles verstehen. Wenn also Luther den Freiheitsbegriff mit Bezug auf Aristoteles kritisiert, dann kritisiert er in Wahrheit eine Position, die als Kritik an Aristoteles gedacht war, und zwar als eine nicht philosophisch, sondern theologisch motivierte Kritik. Diese theologische Kritik ist dann allerdings schon im Hohen Mittelalter, vor allem in der franziskanischen Schule bei Petrus Johannes Olivi und dem großen Johannes Duns Scotus philosophisch rezipiert und sowohl als philosophisches als auch als theologisches Gemeingut weiter gegeben worden.

Evangelische Theologen haben von Luthers Kritik am aristotelischen Verständnis des Gerechtwerdens aus die aristotelische Ontologie kritisieren wollen mit ihrem Grundsatz: Die Wirklichkeit steht höher als die Möglichkeit[40]. Dieser Satz soll sich darin verwirklichen, dass »zwischen dem Gerechten und dem Ungerechten [...] nichts anderes [steht] als die verschiedene Tat.«[41] Die Tat ist die Wirklichkeit, aus der der Habitus entsteht, der die Möglichkeit für weitere Wirklichkeiten ist. So denkt man sich das Verhältnis von Wirklichkeit (Akt) und Möglichkeit (Habitus). Für Luther aber ist gerade das Problem, ob es möglich ist, dass es eine gerechte Tat gibt bei einem Menschen, der nicht gerecht ist. Soll eine gerechte Tat des nicht gerechten Menschen möglich sein, muss man eine Freiheit annehmen, eine Nichtdeterminiertheit durch frühere Zustände. Freiheit heißt die Möglichkeit, einen Anfang aus dem Nichts zu schaffen. Das aber ist nichts anderes als die Priorität der Möglichkeit vor der Wirklichkeit, während der mittelalterliche Vorwurf gegen Aristoteles gerade darin gründete, dass aus seiner Vorordnung der Wirklichkeit vor der Möglichkeit die Leugnung der Freiheit und damit die Unmöglichkeit, gerecht zu werden,

---

[40] Vgl. EBERHARD JÜNGEL, Die Welt als Möglichkeit und Wirklichkeit. Zum ontologischen Ansatz der Rechtfertigungslehre, in: DERS., Unterwegs zur Sache. Theologische Bemerkungen, München 1972, S. 206-233.

[41] A.a.O., S. 216.

ohne gerecht zu sein, folge. Zwar spricht Aristoteles tatsächlich vom Gerechtwerden des Nicht- oder Noch-nicht-Gerechten, und das muss er auch tun, weil er nahe an den Phänomenen ist, so wie wir Erziehung auch nur praktizieren können, wenn wir jene Möglichkeit des Gerechtwerdens annehmen. Allerdings sagt Aristoteles auch, dass es zu diesem Gerechtwerden etwa des Lehrers, der schon gerecht ist, oder der gerechten Polis, in der jemand ein Gefühl für Recht und Unrecht bekommen kann, bedarf. Das heißt: Auch hier geht die Wirklichkeit des Gerechten dem Gerechtwerden voraus. In einer völlig heruntergekommenen Polis und ohne Hilfe eines Lehrers, der selber moralisch ist, kann sich Aristoteles das Gerechtwerden nicht denken. Für einen Franziskaner wie Duns Scotus ist das hingegen kein Problem. Auch der sittlich Verworfenste hat in jedem Augenblick die Möglichkeit, aus seiner Freiheit, die ihm unverlierbar zu Eigen ist, eine gerechte Tat hervorzubringen. Das heißt nichts anderes als Priorität der Möglichkeit über die Wirklichkeit! Wer die Freiheit so hoch schätzt wie etwa Gabriel Biel, behauptet damit: Höher als die Wirklichkeit (zum Beispiel die Wirklichkeit des schlechten Menschen) steht die Möglichkeit (jederzeit auf Grund seiner Freiheit einen moralisch guten Akt hervorbringen zu können). Wenn evangelische Theologen also die aristotelische Ontologie kritisieren wollen, müssen sie sich an die Theologen halten, die Luther heftig bekämpft hat.

Diese Aussage bedarf freilich der Präzisierung. In »De servo arbitrio« stellt Luther emphatisch fest: »Es folgt nun, dass ‚freier Wille' ein ganz göttlicher Name ist und dass er niemandem als der göttlichen Majestät allein zukommen kann.«[42] Wenn nun Freiheit eine ganz göttliche Eigenschaft ist, dann kann man mit Bezug auf die Freiheit Gottes in der Tat behaupten, dass die Möglichkeit höher steht als die Wirklichkeit. Aber für Luther kann man das eben vom Menschen nicht sagen. Das unterscheidet ihn von denen, die er kritisiert, denn für diese ist Freiheit ein univoker Begriff, der sowohl für die Menschen wie für Gott gilt. Hier liegt der Unterschied. Ausgehend von Luthers Kritik an der aristotelischen Konzeption

---

[42] MARTIN LUTHER, De servo arbitrio (1525), WA 18, 636,27-29: »Sequitur nunc, liberum arbitrium esse plane divinum nomen, nec ulli posse competere quam soli divinae maiestati.«

des Gerechtwerdens kann man also die aristotelische Ontologie keineswegs kritisieren. Wenn Luther betont, dass es der Baum ist, der Frucht bringt, dann nimmt er ein klassisches Beispiel für die Priorität der Wirklichkeit vor der Möglichkeit bei Aristoteles auf.

IV. Vom rechten Umgang mit der Vernunft

In diesem letzten Teil soll ein bei Luther wiederkehrender Gedanke zum Umgang mit der Philosophie – und das heißt natürlich auch mit der Vernunft – erörtert werden. In seiner letzten Predigt in Wittenberg am 2. Sonntag nach Epiphanias 1546[43] hatte Luther Röm 12,3 als Predigttext (»*dass niemand mehr von sich halte als sich's gebührt zu halten*«). Er nahm ein altes Thema auf: »Darum ist dieses Leben ein Spital. Die Sünde ist zwar vergeben, aber noch nicht geheilt. Da muss man nun predigen, und ein jeder soll auf sich achten, dass ihn seine eigene Vernunft nicht verführe.«[44] Während man Wucher, Sauferei, Ehebruch, Mord leicht als Sünde erkennt, liegen die Dinge anders, wenn »des Teufels Braut Ratio, die schöne Metze, hereinfährt und klug sein will«[45]. Diese Teufelsbraut sieht er vor allem bei den Schwärmern am Werk in ihrer hochmütigen Verachtung der Heiligen Taufe und des Heiligen Abendmahls. »Wenn die Wiedertäufer sagen: Taufe ist Wasser. Was vermag schon das Wasser, das von Schwein und Kuh getrunken wird? Der Geist muss es tun! Hörst du es, du schäbige, aussätzige Hure, heilige Vernunft? Es steht geschrieben: ‚Ihn sollt ihr hören.' Und was sagt er? ‚Geht hin, tauft alle Heiden!'«[46] Hier sollten wir dem Reformator, der vor seinem Tod wegen der Verkehrung der christlichen Lehre tief besorgt ist, zurufen: Auch mit Blick auf die Vernunft gilt das achte Gebot ‚Du sollst kein falsch Zeugnis reden!' Ist es wirklich die Vernunft, *die* Vernunft, die aus den Sakramentsverächtern spricht?

---

[43] Vgl. MARTIN LUTHER, WA 51, 123-134 (leicht modernisiert aus beiden Fassungen).
[44] MARTIN LUTHER, WA 51, 125,34-37.
[45] MARTIN LUTHER, WA 51, 126,29 f.
[46] MARTIN LUTHER, WA 51, 129,8-11.

Und wenn man die Vernunft eine Hure nennt, muss man nicht in einer Zeit der gender justice hinzufügen, dass hinter den meisten Huren ein Mann steht, der ihre Reize für seine Interessen einsetzt, der Zuhälter. Der Zuhälter der Vernunft ist hier der Teufel wie auch der sich im Spital befindliche halb kranke, halb gesunde Mensch. Diese machen die Vernunft ihren Interessen dienstbar, lassen sie für sich arbeiten mit der Wirkung, dass das Reden Gottes in Jesus Christus und dann in der Heiligen Schrift am Maß alltäglicher Erfahrung gemessen, danach interpretiert und so zunichtegemacht wird[47]. Der Leib Christi im Herrenmahl ist dann bloßes Brot, und das Wasser der Taufe bloßes Wasser. Was Gott sagt, wenn er sich ausspricht, ist nicht gegen die Vernunft, aber über der Vernunft (*supra rationem*). Deshalb bedarf es der Offenbarung. Diese aber wird zurückgenommen und zunichtegemacht, wenn sie an dem gemessen wird, was Vernunft aus dem, was ihr zugänglich ist, erkennt. Darum die Heftigkeit, die sich freilich eher gegen den Zuhälter als gegen die Hure richten sollte. Stattdessen sollte es darum gehen, im Kampf mit dem Zuhälter die Hure zu befreien und wieder zu einer schönen, ehrbaren Frau werden zu lassen. Warum sollte die Theologie die Vernunft dem Teufel überlassen? Sie muss um diese schöne Frau kämpfen!

Auch dazu hat Luther Gedanken entwickelt, die uns allerdings auf den ersten Blick ziemlich merkwürdig erscheinen mögen. In den ersten beiden philosophischen Thesen der »Heidelberger Disputation« heißt es: »Für den, der ohne Gefahr mit Aristoteles philosophieren will, ist es notwendig, dass er zuvor in Christus richtig zum Toren gemacht wird. Wie mit dem Übel der Begierde allein der Verheiratete recht umgeht, so philosophiert nur der Tor, das heißt der Christ, recht.«[48] Dass hier die sexuelle Begierde

---

[47] Vgl. dazu: THEODOR DIETER, Beobachtungen zu Martin Luthers Verständnis „der" Vernunft, in: JOHANNES VON LÜPKE / EDGAR THAIDIGSMANN (HG.), Denkraum Katechismus. Festgabe für Oswald Bayer zum 70. Geburtstag, Tübingen 2009, (S. 145-169) S. 147-157.

[48] BoA V; 403,4 f: »Qui sine periculo volet in Aristotele philosophari, necesse est, ut ante bene stultificetur in Christo« (Schreibweise leicht modernisiert). Ebd., Z. 22-24: »Sicut libidinis malo non utitur bene nisi coniugatus, ita nemo philosophatur bene nisi stultus id est christianus.«

mit dem Streben nach Wissen parallelisiert wird, ist für Luthers Zeitgenossen schockierend. Was er hier tut, ähnelt dem, was in unseren Tagen die Dekonstruktivisten tun, wenn sie Erkenntnisvorgänge in Interessen- und Machtzusammenhänge einzeichnen. Dieser Interessenzusammenhang ist für Luther der des Sünders, den er folgendermaßen bestimmt: Der Sünder ist der Mensch, der in allem das Seine sucht[49]. Auch die Erkenntnis ist ein Gut, auf das deshalb das universale Aneignungsstreben des Menschen ausgreift wie auf alle anderen Güter auch. Dieses Aneignungsstreben kann nicht durch Werke gebrochen werden, denn jedes gute Werk ist wiederum ein *bonum*, das sich der Mensch zuschreibt und aneignet und in dem er sich gefällt. Darum, und das ist die Einsicht der *theologia crucis*, kann dieses Aneignungsstreben nur durch Leiden überwunden werden[50]. Deshalb kann Luther in der Heidelberger Disputation feststellen: »Der Theologe der Herrlichkeit nennt das Übel gut und das Gute übel, der Kreuzestheologe sagt, was Sache ist.«[51] Sache ist, dass die Leiden (*passiones*) das *bonum* sind, weil sie das Sich-in-allem-Suchen brechen können, während die Werke jenes Streben nur verstärken. Es geht nicht zuerst um Kreuzestheologie, sondern um den Kreuzestheologen wie auch um den Herrlichkeitstheologen, um zwei Existenzformen, die ein gegensätzliches Verhältnis zu den Gütern realisieren. Im Sinne der sich hier vollziehenden Dekonstruktion geht es dann auch um das Verständnis des Gegenstands der Theologie. Für das Sich-in-allem-selber-Suchen ist Gott das höchste Gut, das *summum bonum*. Aber in der Logik dieses Aneignungsstrebens will der Sünder das höchste Gut nicht um dieses Gutes willen, sondern um seinetwillen, um des Sünders willen. Es ist aber eine metaphysische Perversion, das höchste Gut um eines endlichen Gutes zu wollen. Das ist es, was Röm 1 sagt, dass die Menschen zwar das Unsichtbare Gottes erkennen können, nicht aber zur Anerkennung Gottes kommen. Weil die Weisheit der Welt Gott in seiner Weisheit nicht erkannt hat, erscheint Gott nach 1. Kor 1 und 2 nun in der Torheit des Kreuzes, und es gilt: »Im

---

[49] Vgl. dazu: THEODOR DIETER, a.a.O. (siehe Anm. 33), S. 80-107.

[50] Vgl. dazu THEODOR DIETER, a.a.O. (siehe Anm. 33), S. 107-130.

[51] BoA V; 388,33 f.: »Theologus gloriae dicit malum bonum et bonum malum, theologus crucis dicit id quod res est« (These 21 der »Heidelberger Disputation«).

gekreuzigten Christus ist die wahre Theologie und Erkenntnis Gottes«[52]. Existenzform und Inhalt der Theologie hängen untrennbar zusammen. So muss auch der Christ, der ohne Gefahr – das heißt ohne Gefahr für sein Seelenheil – philosophieren will, in diesem Aneignungsstreben gebrochen worden und in Christus zum Narren geworden sein. Dann kann er recht mit den Gütern der philosophischen Erkenntnis umgehen. Merkwürdigerweise taucht dieses Motiv, jedenfalls die Parallele von sexuellem Begehren und Erkenntnisverlangen auch in Luthers letzter Predigt noch einmal auf, und er rät für das Erste zur Ehe, während er dem Erkennenden nahelegt, seinen Eigendünkel, der mit den Erkenntnissen verbunden ist, streng unter die Herrschaft des Glaubens zu stellen[53].

V. Schlussbemerkungen

In diesem Aufsatz sind drei Konstellationen von Vernunft und Theologie bei Luther untersucht worden: Erstens die Vernunft *in* der Theologie in Gestalt der logischen Form (II.); dabei ist die Argumentationsstruktur durchsichtig geworden, was eine Überprüfung der Argumentation auf ihre Stichhaltigkeit hin ermöglicht und eine Ambivalenz in Luthers Argumentation offenbart hat; zweitens die irreführende Integration vernünftiger Erkenntnis über das Gerechtwerden in die Theologie (III.), und drittens der Umgang des Theologen mit der Vernunfttätigkeit, die dem Glauben und der Theologie gefährlich werden kann, weil sie den Glauben an einem Maß misst, das diesem nicht angemessen ist, und weil die Tätigkeit der Vernunft und ihre Objekte Teil des sündigen Weltumgangs des Menschen sind, wenn er sich nicht in Christus zum Toren hat machen lassen (IV.).

Wenn Pater Brown diese Darlegungen gehört hätte, hätte er dann wohl weiter bestritten, dass Luther ein Theologe ist? Als ökumenischer Theo-

---

[52] BoA V; 388,29 f. (Probatio zu These 20 der »Heidelberger Disputation«).
[53] Vgl. WA 51, 132,29-134,34

loge habe ich die Hoffnung, dass er bereit gewesen wäre, sein ziemlich fixes Verständnis der Vernunft zu überdenken, sich auf das komplexe Spannungsfeld von Glaube und Vernunft einzulassen, und doch nicht aufgehört hätte, seine lutherischen Gesprächspartner energisch zu mahnen, die Vernunft nicht zu verachten oder zu verschmähen, schon gar nicht zu beschimpfen oder zu töten, sondern in geduldiger Auseinandersetzung für den Glauben zu gewinnen.

MARK MATTES:
Glaube und Vernunft bei Luther im gegenwärtigen Diskurs[1]

I. Einleitung

Das Verhältnis von Glaube und Vernunft ist in vielerlei Hinsicht *das* bestimmende Thema der gegenwärtigen Theologie und ist es auch vielfach im letzten Jahrhunderts und darüber hinaus gewesen. Wie kam es dazu? Wohl als Ergebnis des weitverbreiteten Erfolgs der »weltlichen Vernunft«, in der das akademische und breite Publikum es für unnötig hält, auf die Theologie zum Verständnis der Welt zurückgreifen zu müssen. Die Vernunft allein scheint zu genügen, um die Welt zu verstehen. Und so werden Glaubenssachen einfach auf die persönlichen Gefühle abgeschoben. Hat Luther Anteil an dieser Marginalisierung der Theologie als Wissenschaft mit Wahrheitsanspruch in der modernen Welt? Leistete sein Denken einen Beitrag zur gegenwärtigen Verweltlichung? Für einige scheint das tatsächlich der Fall zu sein[2]. Dagegen scheint Luther für andere der Inbegriff

---

[1] Das ist die Übertragung des in englischer Sprache ausgearbeiteten Vortrages "A Contemporary Assessment of Luther on Faith an Reason". Die englische Fassung ist auf der Internetseite der Luther-Akademie veröffentlicht.

[2] Vor allem die von der "Radical Orthodoxy"-Bewegung beeinflussten Denker vertreten die Auffassung, alle protestantischen Reformatoren seien durch eine nominalistische Metaphysik geprägt gewesen, welche die Univozität des Seins bekräftigt, wonach sowohl Gott als unendliches Wesen als auch endliche geschöpfliche Wesen wahrgenommen werden können auf der Grundlage eines Konzepts des Seins, das unendlichen und endlichen Realitäten gleichermaßen zu eigen ist, im Unterschied zu einer Analogie des Bestätigtseins, wie es z. B. im realistischen Ansatz von Thomas von Aquin vorliegt. Diese Denker behaupten, dass die spätmittelalterliche nominalistische Univozitätstheorie den Hintergrund bildet für den

des Irrationalisten zu sein. Angesichts der oft zitierten Sätze Luthers über die Vernunft, dass sie »des Teufels Hure« sei, oder dass der Glaube »die Vernunft opfern soll«, ist es kein Wunder, dass Richard Dawkins Luther als paradigmatisch für religiösen Autoritarismus und Irrationalismus darstellt, ihn als exemplarischen Bösewicht und religiösen Fanatiker an den Pranger stellt[3]. Ist diese Charakterisierung Luthers berechtigt? Oder ist sie eine Karikatur, eine Art und Weise, den Glauben durch Spott zu erledigen (zu »überwachen«) und ihn aus dem öffentlichen Bereich herauszuhalten?[4]

---

heutigen Nihilismus, weil die Univozität des Seins das Sein als Zielbestimmung aller endlichen Wesen umgeht, die am Sein selbst teilhaben und es so realisieren. Im Bezug auf Luther verkennt die "Radical Orthodoxy" die apophatische Dimension seines Denkens, die es unmöglich macht, in ihm einen metaphysischen Nominalisten zu sehen, die aber auch ausschließt, ihn als Vertreter einer »analogia entis« anzusehen. Im Zusammenhang mit dem Apophatizismus ist Gott nichts anderes und nicht weniger als das Ende von uns selbst und unserer Suche nach mystischer Einheit – nur ein Prediger kann uns von diesem Tod auferwecken. Zum Apophatizismus Luthers vgl. KNUT ALFSVÅG, What no Mind has Conceived: On the Significance of Christological Apophaticism, Leuven: Peeters, 2010.

[3] RICHER DAWKINS, The God Delusion, New York, Mariner Books, 2006, S. 241. Die von dem Atheisten Dawkins zitierte Vernunftkritik Luthers erfolgt im Zusammenhang der Verteidigung der Kindertaufe gegen die Wiedertäufer. Luthers Argument besteht darin, daß der kindliche Mangel an Vernunft kein Hinderungsgrund für ihre Taufe darstellt, weil die Vernunft zum Glauben nichts beiträgt. Die Art und Weise, wie Dawkins auf Grund dieser Passage in den Tischreden auf Luthers Vernunftfeindlichkeit abhebt, ist in hohem Maße unfair.

[4] Die Sprache der Überwachung stammt selbstverständlich aus John Milbanks Analyse der Soziologie als einer »Überwachung des Erhabenen«. Soziologie wählt einen Kantianischen Zugang zur Religion im Sinne des Umgangs mit dem »Erhabenen« (im Unterschied zum christlichen Glauben, der durch inhaltlich konkrete Glaubensartikel bestimmt ist), der sodann der Kontrolle im öffentlichen Leben unterworfen wird. Luthers Anschauung Gottes ist in keiner Weise mit der Kategorie des »Erhabenen« zu erfassen. Milbank schreibt: »In der Soziologie gilt die Religion als ein Bestandteil der geschützten ‚menschlichen' Sphäre, obwohl diese Sphäre manchmal (so bei Durkheim) in Übereinstimmung mit der schematischen Möglichkeit theoretischen Verstehens gebracht wird. Aber obwohl die Religion anerkannt und geschützt wird, wird sie auch »überwacht« bzw. rigoros hinter die Grenzen der Möglichkeiten empirischen Denkens verbannt. Darum steht die So-

Abgesehen davon, wie Luther sich zum Irrationalismus verhält, muss man doch zugeben, dass es zunehmend einen realen und fest verwurzelten Irrationalismus in der Wissenschaft gibt[5]. Das heißt, dass die gegenwärtige Praxis der Theologie, wie sie z. B. an Orten wie der *American Academy of Religion* zu finden ist, allzu oft nicht die klassischen Zugänge zum Glauben widerspiegelt, sondern stattdessen die autobiographischen

---

ziologie notwendigerweise im Widerspruch zu den internen Perspektiven vieler traditioneller Religionen, die religiöse und empirische Wirklichkeit nicht voneinander trennen und ihre Wahrnehmung des Wertes (des Religiösen) nicht unterscheiden zwischen ihrem Wertgefühl und der geschichteten Anordnung von Zeiten, Personen und Orten in ihrer eigenen Gesellschaft. Die »Überwachung des Erhabenen« durch die Soziologie koinzidiert genau mit den tatsächlichen Operationen einer säkularen Gesellschaft, welche die Religion ausschließt vom Zugang zu ihren »Disziplinierungs- und Kontrollmechanismen«, während zugleich der »private« Wert der Religion geschützt wird und sie gelegentlich auch in der Öffentlichkeit nutzbar gemacht wird, um die Antinomie einer rein instrumentellen und ziellosen Rationalität zu überwinden, die stets die Last einer endgültigen politischen Zweckbestimmung tragen soll.« Vgl. JOHN MILBANKS, Theology and Social Theory: Beyond Secular Reason (Oxford, United Kingdom: Blackwell, 1990), S. 105-106.

[5] Vor einigen Jahren bemerkte GEORGE W. FORELL: »Es würde zu weit führen, die Entwicklung der Vernunftfeindlichkeit im protestantischen Denken nachzuverfolgen und den Zeitpunkt zu bestimmen, an welchem die Achtung vor der Vernunft im Protestantismus verlorenging. Aber wie es scheint, zwang die zunehmende Dominanz der Vernunft im Zusammenhang mit dem Aufkommen der modernen Wissenschaft vor allem im 19. Jahrhundert die protestantischen Apologeten ihrer Religion, in deren Umgebung die neue Weltsicht voranschritt, in eine Verteidigungshaltung, die dadurch gekennzeichnet war, dass sie die Vernunft zugunsten des Gefühls aufgab. Das Ergebnis war eine Polarisierung der Theologie. Es gibt in Vergangenheit und Gegenwart akademische Theologen im Protestantismus, die mit großer Kunstfertigkeit und Hingabe von der Vernunft Gebrauch machen für die Artikulierung ihrer besonderen theologischen Perspektive. Ihre Bemühungen erfolgen allerdings unabhängig vom protestantischem Mainstream. Ihre Bücher werden nur von einer kleinen Elite gelesen und haben keinen erkennbaren Einfluss auf das Leben protestantischer Kirchen.« Vgl. GEORGE W. FORELL, Reason, Relevance, and a Radical Gospel, in: Martin Luther: Theologian of the Church, ed. WILLIAM R. RUSSEL (St. Paul, Minnesota: Word and World Supplement Series, 1994), S. 245.

Eigenarten von verschiedenen Theologen selber[6]. Eine Theologie, die Wahrheit beansprucht, ist von dem freischwebenden Bewusstseinsstrom der Theologen verdunkelt worden. Luthers Vorliebe für paradoxe Aussagen über den Glauben wird zur Unterstützung dieser Relativierung der Theologie benutzt. Solche Paradoxien, so wird argumentiert, führen zur »Mehrdeutigkeit«, zu einer ergebnisoffenen, nicht diskursiven, rein emotionalen Theologie, die der objektiven Wahrheit ausweicht. Im Blick darauf ist zu fragen, ob Luthers Sicht des Paradoxen genügend verstanden worden ist.

Angesichts der angeblich widersprüchlichen Behauptungen, die Luther über die Vernunft macht, dass »*praecaeteris rebus huius vitae*«, sie »*optimum et divinum quiddam sit*«[7], aber auch des Teufels »Frau Hulde«[8] ist, ist Theodor Dieters These hilfreich, dass man nicht von einem einzigen Verständnis der Vernunft bei Luther reden kann – oder nur unter großem Vorbehalt[9]. Nach Dieter kann man auch nicht davon ausgehen, dass Luther mit *ratio* in etwa das meint, was wir heute unter *Vernunft* verstehen. Dieter fasst seine Forschung zusammen, indem er darauf hinweist, dass für Luther die Vernunft verschiedene Facetten beinhaltet:

1. sie ist ›Erkenntnisfähigkeit‹;

2. sie spricht von Lehren, die sich innerhalb der Philosophie finden lassen und auf die Theologie angewendet werden;

3. sie kommt zum Ausdruck im täglichen Leben der Menschen – besonders in Beziehung zu deren Glauben;

4. sie ist oft eine Macht, die im Widerspruch zu Gott steht;

---

[6] Siehe z. B. PAUL V. MANKOWSKI, "What I Saw at the American Academy of Religion", in First Things (März 1992).

[7] Siehe MARTIN LUTHER, Disputatio de homine (1536), These 4 in WA 39/1, 175,9-10 (LW 34:137).

[8] MARTIN LUTHER, Wider die himmlischen Propheten, WA 18, 164,24 (LW 40:175); Die letzte Predigt D. Martinus Lutheri (1546), WA 51, 126,29 (LW 51:374).

[9] THEODOR DIETER, Beobachtungen zu Martin Luther Verständnis *der* Vernunft, in: JOHANNES VON LÜPKE / EDGAR THAIDIGSMANN (HG.), Denkraum Katechismus. Festgabe für Oswald Bayer zum 70. Geburtstag, Tübingen 2009, S. 145-169.

5. ist Luthers Praxis »rationaler als viele seiner expliziten Äußerungen über die *ratio* erwarten lassen.«[10]

Im Blick auf die Tendenz, dass einige Luther als einen rein mittelalterlichen Denker darstellen, andere aber als einen protomodernen Denker (verbunden mit einer positiven oder negativen Beurteilung der mittelalterlichen oder modernen Perspektiven[11]), kann man sagen, dass uns für das Thema *Glaube und Vernunft* geholfen wäre, wenn Luther eine eigene Abhandlung darüber verfasst hätte. Leider hat Luther keine ausführliche Aussage zum Verhältnis von Glaube und Vernunft getroffen. Somit können wir unsere Beurteilung nur durch ein sorgfältiges Lesen bestimmter Texte, die anderen theologischen Themen und nicht dem Thema der Vernunft selber gewidmet sind, gewinnen. Dieter merkt an, dass Luthers oft paraphrasierte und klassifizierte Kommentare zur Vernunft unzureichend sind. Vielmehr wäre eine Untersuchung seiner Aussagen zur Vernunft in ihrem spezifischen Kontext notwendig.

Theodor Dieters induktiver Methode stimme ich zu und sehe, dass eine gründliche Darstellung auch an spezifische Texte gebunden werden muss. Jedoch könnte auch eine kurze Übersicht über den gegenwärtigen Diskurs über das Thema »Glaube und Vernunft bei Luther«, wie es typischerweise dargestellt wird, hilfreich sein. Denis Janz bietet dazu eine gute Zusammenfassung: Für Luther ist die Vernunft

1. Gottes größtes Geschenk,

---

[10] THEODOR DIETER, Beobachtungen zu Martin Luther Verständnis der Vernunft, in: JOHANNES VON LÜPKE / EDGAR THAIDIGSMANN (HG.), Denkraum Katechismus. Festgabe für Oswald Bayer zum 70. Geburtstag, Tübingen 2009, S. 249-250.

[11] Im Unterschied zu Ernst Troeltsch tendiert die Schule Mannermaas dazu, in Luther einen mittelalterlichen Denker zu sehen, was wiederum ausschließlich positiv gewertet wird. Als schönes Beispiel für die Interpretation Luthers mit Hilfe mittelalterlicher Theologie und Philosophie vgl. aus der Vielzahl der einschlägigen gelehrten Arbeiten. Engaging Luther: A (New) Theological Assessment, hg. von OLLI-PEKKA VAINIO, Eugene, Oregon, Wipf & Stock, 2010. Vgl. auch Union with Christ: The New Finnish Interpretation of Luther, hg. von CARL E. BRAATEN und ROBERT W. JENSEN, Grand Rapids, Eerdmans, 1998. Für die Einordnung Luthers als »vormodern« vgl. insbesondere HEIKO A. OBERMAN, Luther and the Via Moderna: The Philosophical Backdrop of the Reformation Breakthrough, in: Journal of Ecclesiastical History 54/4 (October 2003), S. 641-670.

2. fähig, die Schiedsrichterin in weltlichen Sachen zu sein,

3. hat Vernunft die Möglichkeit, ihre eigenen Grenzen zu überschreiten (in diesem Fall ist sie eine »Hulde«) und kann

4. als »Erleuchtete« offenbarte Wahrheit erkennen[12].

Im Allgemeinen ordnet Luther die Vernunft sichtbaren Angelegenheiten zu, so wie der Ethik, während die Theologie sich mit unsichtbaren Angelegenheiten beschäftigt, wie z. B. den Glauben an Christus[13]. Freilich, wenn Luther seine Zeit nicht als Kommentator der Schrift verbrachte, war er hauptsächlich ein Schriftsteller und oft auch ein Polemiker. Der Versuch, Luther zu systematisieren, birgt Gefahren in sich, besonders die Versuchung, einige Aspekte seines Denkens auf Kosten anderer zu betonen. Insgesamt ist das induktive Vorgehen, welches die grundlegenden Texte in Luthers Werken interpretiert, die beste Methode. Meine eigenen Analysen können Theodor Dieters ausführliche Analyse[14] nur ergänzen und vielleicht auf einige Facetten für weitere Forschung hinweisen.

Die Beschuldigungen, dass Luther einen Fideismus oder Irrationalismus vertritt, sind inakkurat. Auch sollte Luther nicht als ein Ahne in der Genealogie der weltlichen Vernunft oder des Nihilismus karikiert werden. Luther glaubte, dass die Vernunft nicht nur in der Ethik nützlich ist[15], sondern dass sie in der Beurteilung verschiedener theologischer Wahrheitsansprüche auch hilfreich sein kann, wenn solche Behauptungen in der Grammatik des Glaubens, wie sie von der Heiligen Schrift bezeugt ist, be-

---

[12] DENIS JANZ, The Westminster Handbook to Martin Luther, Louisville, Kentucky, Westminster/John Knox, 2010, S. 112-116.

[13] MARTIN LUTHER, Disputatio de sententia: Verbum carofactumest (1539), WA 39/2, 15,9 (LW 38:249)

[14] Zum ausführlichen Text siehe THEODOR DIETER, Der junge Luther und Aristoteles. Eine historisch-systematische Untersuchung zum Verhältnis von Theologie und Philosophie, Berlin, Germany, Walter de Gruyter, 2001.

[15] Unter den vielen eindrücklichen Büchern und Aufsätzen hierzu ist folgender besonders zu beachten: THOMAS D. PEARSON, Luther's Pragmatic Appropriation of the Natural Law Tradition, in: Natural Law. A Lutheran Reappraisal, St. Louis, Missouri: Concordia, 2011, S. 39-63.

gründet sind¹⁶. Die Logik hat auch eine Funktion in der Theologie, wenn sie der bestimmten Grammatik des Glaubens folgt, nämlich: Lehrwahrheiten durch Disputation und Argumentation im Rahmen einer öffentlichen Untersuchung als theologische Wahrheiten zu etablieren und zu verteidigen. Allerdings bleibt das wichtigste Prinzip, dass die »summa theologica« nicht »tribuerunt philosophiae et viribus humanis« oder dass die »remmissione peccatorum et de mysterio in carnationis et de vita aeterna consequenda«[17]. Sondern die summa ist die, dass »Deus non sit subiectus rationi et syllogismis.«[18] »Eundum ergo est ad aliam dialecticam et philosophiam in articulis fidei, quae vocatur verbum Dei et fides.«[19] In dieser Hinsicht sind beide, die zeitgenössischen weltlichen Auffassungen und Luther, im selben Boot: Die endgültigen Dinge überschreiten unsere Fähigkeit, auf sie zuzugreifen, weil wir endliche und begrenzte Wesen sind. Dabei ist Luther, im Vergleich zu weltlichen Auffassungen, eher der Meinung, dass diese Dinge den Glauben betreffen. Wäre Luther, so bemerkt Janz, ein Vertreter des Fideismus, dann gäbe es auch keine Aussichten für theologische Forschung. Dann könnte man die Artikel des Glaubens lediglich wiederholen, anstatt sie auf ihren Wahrheitsgehalt hin zu überprüfen[20]. Moderne Tendenzen begründen religiöse Wahrheitsansprüche mit Gefühlen, wie Schleiermachers »Gefühl der schlechthinnigen Abhängigkeit«; somit wird der christlichen Frömmigkeit das Etablieren des Glaubensinhalts erlaubt und dieses trägt dann zum theologischen Irra-

---

[16] Siehe MARTIN LUTHER, De predicatione Identica, in: Vom Abendmahl Christi, Bekenntnis (1528), WA 26, 437-445 (LW 37:294-303). Siehe JÖRG BAUR, Luther und die Philosophie, Neue Zeitschrift für systematische Theologie und Religionsphilosophie 26 (1984), S. 13-28 und ENRICO DE NEGRI, Offenbarung und Dialektik. Luthers Realtheologie, Darmstadt, Wissenschaftliche Buchgesellschaft, 1973, S. 207-218.

[17] MARTIN LUTHER, Disputatio de sententia: Verbum caro factum est (1539), WA 39/2, 13,12 (LW 38:248).

[18] MARTIN LUTHER, Disputatio de sententia: Verbum caro factum est (1539), WA 39/2, 8,5 (LW 38:248).

[19] MARTIN LUTHER, Disputatio de sententia: Verbum caro factum est (1539), WA 39/2, 5,9-10 (LW 38:241) These 27.

[20] DENIS JANZ, The Westminster Guide to Martin Luther, S. 112.

tionalismus bei (s.o.). Luther behauptet dagegen, dass man das objectum fidei in Ehren halten soll und daher zwischen dem Glauben, der glaubt, und dem Glauben, der geglaubt wird, unterscheiden muss[21]. Für Luther existiert so etwas wie eine »Rectaratio«[22], die sich mit dem Glauben vertragen kann[23]. Im selben Sinne versteht Luther auch die mittelalterliche Idee der Philosophie als einer »Magd«[24].

II. Die Aneignung der Philosophie

Bekanntlich äußert Luther sich öfters sehr kritisch zur Philosophie – das betrifft im besonderen Maße die Ansicht des Aristoteles, dass die Seele vergänglich ist, die Welt aber unvergänglich – so wie er auch negative Aussagen über die Vernunft macht[25]. Eine ausgewogene Darstellung von Luthers Sicht der Vernunft wird dessen positive Aneignung der philoso-

---

[21] MARTIN LUTHER, Sermon von dem Sakrament des Leibes und Blutes Christi, wider die Schwarmgeister (1526), WA 19, 482,17 (LW 36:335).

[22] MARTIN LUTHER, Disputatio de homine (1536), WA 39/1, 180,16 (LW 34:144).

[23] MARTIN LUTHER, Tischreden (Von Konrad Cordatus zwischen January 26 und 29, 1533 gesammelte Worte), WA Tr 3, 105,11-106,10; N 2938 b; 26.1, 1533 (LW 54:2938 b).

[24] Als Belegstelle für die mittelalterliche Konzeption der Philosophie als »Magd« sei auf THOMAS VON AQUIN, Summa Theologiae 1.1.5. hingewiesen. Vgl. auch KARI KOPPERI, Theology of the Cross, in: Engaging Luther, S. 171: »Luthers Anschauung des Verhältnisses von Theologie und Philosophie kann als revidierte Variante der klassischen Konzeption der Philosophie als einer Magd der Theologie gelten. Nach Luther spielt die Philosophie ihrem Wesen nach eine eigene, unabhängige und nützliche Rolle. Aber sie steht immer in der Gefahr, durch die Prinzipien der »amor hominis« in eine Form pervertierter menschlicher Weisheit zu degenerieren. In theologischen Fragestellungen verliert die Philosophie ihre Bedeutung, weil sie paradoxe theologische Lehrstücke nicht angemessen erklären kann. In Fragen theologischer Lehre markiert die Offenbarung Gottes in Christus die Grenzen der philosophischen Konzepte.«

[25] »Facile fuit Aristoteli mundu maeternum opinari, quando anima humana mortalis est eius sententia.« MARTIN LUTHER, These 31, Heidelberger Disputation, WA 1, 355 (LW 31:41).

phischen Methodologie würdigen. Mehr als alles andere liegt Luther daran, dass die Philosophie von der nach der Grammatik des Glaubens geschulten Theologie positiv angeeignet und der Gebrauch des Handwerkzeugs der aristotelischen Logik gewürdigt wird. Luther hat solche öffentliche Ausübung der Logik in Disputationen sehr hoch geschätzt, denn durch Disputationen hat Luther tiefe Einsichten bekommen. Dies gilt sowohl für die Disputation in Heidelberg (1518) wie auch für die in Leipzig (1519). Nachdem er 1533 Dekan der Theologischen Fakultät in Wittenberg wurde, hat Luther das regelmäßige Disputieren wieder eingesetzt. Dennoch bestätigt Luther den wesentlichen Konflikt zwischen der Philosophie und der Theologie, der sich besonders darin zeigt, dass die Philosophie Gottes Menschwerdung und die Rechtfertigung aus Gnaden allein durch den Glauben nicht anerkennen kann. In dieser Hinsicht ist Luther dem Nominalismus verpflichtet, der, im Vergleich zum Realismus, weniger Hoffnung auf das Erstellen einer gemeinsamen Grundlage zwischen der Theologie und die Philosophie hatte. Allerdings müssen wir festhalten, dass beide, der Nominalismus wie Realismus, den Nutzen der Vernunft zur Etablierung einer Grundlage für die Lehre verneint haben. Für den Nominalismus und Realismus ist Offenbarung unverzichtbar, um zur Wahrheit zu gelangen[26]. Daher müssen nach Luther die Vernunft und die Philosophie in ihren rechtmäßigen Bereich gewiesen werden. Dennoch scheitern für Luther die Nominalisten darin, ihre eigenen Regeln zu befolgen: Ganz offensichtlich vermischten sie die Theologie mit der Philosophie, wo sie doch eigentlich der Grammatik des Glaubens, die von der Schrift bezeugt wird, hätten folgen sollen[27]. Die vorreformatorische

---

[26] Siehe ALFRED FREDDOSO, "Ockham on Faith and Reason", http://www.nd.edu/-afreddos/papers/f&rcam.htm für die weiteren Verweise in diesem Abschnitt.

[27] Darum merkt Ingolf Dalferth an: »Luther schlägt daher vor, die scholastische Zweistufen-Teleologie mit ihrer Betonung der Analogie und ihrer Vermischung des philosophischen und theologischen Diskurses zu ersetzen durch eine zweifach relationale Eschatologie, die in einem ausschließlich theologischen Diskurs entworfen wird und dabei in ihrer Wirklichkeitswahrnehmung die Priorität der Dialektik zwischen Protologie und Eschatologie vertritt gegenüber der analogischen Zuordnung endlicher und unendlicher Wirklichkeit. Auf diese Weise umfasst oder ergänzt die Theologie nicht einfach die philosophische Erkenntnis des Menschen

Theologie hat das Verhältnis zwischen Natur und Gnade als ein Kontinuum angesehen, sei es im Sinne der größeren Realität der Universalien im Vergleich zum Einzelding (Realismus), sei es im Sinne des pactum bzw. des Bundes zwischen Gott und seiner Schöpfung (Nominalismus). Der Reformator verwirft dieses Kontinuum, weil es zur Selbstgerechtigkeit beiträgt oder die Selbstgerechtigkeit ermöglicht, die in der Lehre des facere quod in se est impliziert ist.

Luther macht keinen Versuch, die Antworten des Glaubens mit den Fragen der Philosophie in Beziehung zu setzen, wie Augustin das im bestimmten Sinne mit der neoplatonischen Tradition oder Thomas von Aquin in einem weiteren Sinne mit der aristotelischen macht. Für Luther ist das Hauptmoment, das Vorherrschende, in der Begegnung von Philosophie und Theologie der Konflikt[28]. Das bedeutet nicht, dass es keine positive Aneignung der Philosophie von der Theologie gibt. Doch müssen im Blick auf die Zugänglichkeit der Wahrheit klar die Grenzen gesehen werden, an die die Vernunft ohne die Hilfe der Gnade stößt. Es gibt eine Tendenz der Philosophie, ihre eigenen Grenzen zu überschreiten. Hier steht Luther in einem Kontinuum zu Augustin und Thomas von Aquin, weil für beide Theologen der Glaube und nicht die Metaphysik die Wahrheit setzt. Dennoch sind Augustin und Thomas optimistischer in Bezug auf die Möglichkeit, dass die Philosophie nicht nur eine logische Darstellung der Grammatik des Glaubens liefert, wie Luther meint, sondern auch einen positiven Beitrag zum Inhalt des Glaubens geben kann. Deutlicher ausgedrückt suchen Augustin und Thomas, durch Berufung auf verschiedene philosophische Schulen, nicht nur eine Vereinbarkeit, sondern tendieren auch zu einer, wo möglich, Vergleichbarkeit zwischen Philosophie und Theologie. So war für Augustin die Philosophie, wie er sie kannte (Neoplatonismus), eine angemessene Vorbereitung, den Verstand auf

---

(und aller anderen Dinge), sondern arbeitet diese um im Sinne der eschatologischen Spannung zwischen Sünde und Heil. Ihr operatives Prinzip ist die in der Einheit aufgehobene Differenz der Dialektik und nicht die sich different entfaltende Einheit der Analogie.« Vgl. INGOLF DALFERTH, Theology and Philosophy, Eugen, Oregon, Wipf& Stock, 2002, S. 79.

[28] OSWALD BAYER, Theologie in HST, Bd. 1, hg. von C. H. RATSCHOW, Gütersloher Verlagshaus, 1994, S. 114.

den christlichen Glauben einzustellen[29]. Schließlich suchen Glaube und Verstand die Seligkeit (beatitudo), aber die Philosophie kann diese nicht erreichen, denn sie kennt Christus nicht. Gleichwohl kann die Philosophie bejaht werden, denn sie stellt die richtigen Fragen: Sie will Gott und die Seele kennen lernen und führt uns somit über das Wahrnehmbare und Zeitliche hinaus zum Intelligiblen und Ewigen. Daher war für Augustin die Lektüre der philosophischen Schrift Ciceros Hortensius ein wichtiger Wegweiser zu seiner Bekehrung[30].

Die Werke des Aristoteles wurden in den mittelalterlichen Universitätslehrplan aufgenommen, nachdem sie in den Kreuzzügen wiederentdeckt wurden. Manche Gelehrte, so z. B. Siger von Brabant, näherten sich den Werken des Aristoteles mit unkritischer Befürwortung. Thomas von Aquin, der Verbindungen zwischen Aristoteles und dem christlichen Glauben entdeckte, lehnte dennoch die Verwerfung der persönlichen Unsterblichkeit, die Aristoteles vertrat, ab. Auch widersetzte er sich der Bejahung eines einzigen Intellekts, den jeder hat, ob aktiv oder passiv. In gleicher Weise erhebt Luther, der auch von der aristotelischen Logik beeinflusst war, mehrmals Einwände gegen Aristoteles' Behauptung der Vergänglichkeit der Seele und der Unvergänglichkeit der Welt. Auch besteht für Luther keine wesentliche eudämonistische Suche nach Selbsterfüllung der eigenen, durch die Gnade vollendeten Natur, sei es durch

---

[29] Hier ist die berühmte Passage in Augustins Soli loquien (I, ii, 7) zu beachten, in der Augustin und die Vernunft in einen Dialog treten. Dieses weist auf die große Übereinstimmung der Philosophie mit dem Glauben hin: »A. Mein Gebet ist beendet. V. Was willst du nun wissen? A. Alles, worüber ich gebetet habe. V. Fass es zusammen. A. Ich will Erkenntnis über Gott und die Seele haben. V. Nichts mehr denn dieses? A. Gar nichts mehr.« Philosophie bemüht sich um verständliche Ordnung, wie der Glaube.« Augustin schreibt über die Platoniker in seiner De civitate Dei (VIII, 10) Folgendes: »Dieses ist der Grund, warum wir diese [Philosophen], im Vergleich zu den anderen, bevorzugen. Denn während die anderen Philosophen ihren Verstand und ihre Kräfte erschöpften, indem sie die Ursache aller Dinge und die richtige Art und Weise des Lernens und Lebens suchten, haben diese die Ursache, wodurch das Universum geschaffen wurde, wo das Licht zur Erkenntnis der Wahrheit und die Quelle zum Schöpfen der Glückseligkeit zu suchen ist, durch die Erkenntnis Gottes gefunden.«

[30] AUGUSTIN, Confessions III, 4.

größere Fortschritte in der nachahmenden Partizipation am Wahren, Schönen und Guten oder über ein willkürlich gewährtes pactum. Wenn wir unser letztes Gutes, die Erfüllung unserer Natur, umsonst bekommen, dann ist solch eine Suche gleichbedeutend der Suche nach dem eigenen Selbst in allen Dingen.

III. Luthers hohes Lob der Vernunft

Wenn die Vernunft an ihrem rechten Ort gedeiht, dann hat Luther auch hohes Lob für sie. Die Menschen, behauptet er, wurden mit Vernunft geschaffen[31]. Tatsächlich ist die Vernunft eng mit der imago Dei verbunden: »Fuit enim in Adam ratio illuminata, veranoticia Dei et voluntas rectissima ad diligendum Deum et proximum, sicut Adam Heuam suam complexus est et statim agnovit ut suam carnem. Ad haec accesserunt alia leviora sed longe maxima nempe cognitio naturae perfecta animalium, herbarum, fructuum, arborum et aliarumcreaturarum.«[32]

In seiner Disputatio de homine (1536) hält Luther eine Art Lobgesang auf die Vernunft und weist darauf hin, dass dankenswerterweise die Vernunft den Sündenfall überlebt hat. Im Bezug auf weltliche Dinge ist sie, wie schon gesagt, ein »divinum«[33]. Daher ist der Vernunft in weltlichen, aber nicht in ewigen Dingen zu vertrauen[34]. Ohne Gottes Hilfe haben die Kreaturen keine Ahnung, was die ewigen Dinge betrifft (unser Ziel und Ende ist dem natürlichen Menschen unklar), wobei wir bezüglich der ewigen Dinge doch Sicherheit haben wollen.

Der Ort der weltlichen Angelegenheiten ist daher der rechtmäßige Ort der Vernunft. An diesem Ort beweist sich die Vernunft als ein notwendiges und ausreichendes Werkzeug für die Bewältigung des Lebens. Luthers

---

[31] Martin Luther, Genesisvorlesung, WA 42, 47,33 (LW 1:63).

[32] Martin Luther, Genesisvorlesung, WA 42, 47,33-38 (LW 1:63).

[33] Martin Luther, Disputatio de Homine (1536), These 4, WA 39/1, 175,10 (LW 34: 137).

[34] Siehe Mark Mattes, Luther's Use of Philosophy.

Zugang zur Vernunft ist ein pragmatischer, kein spekulativer. Für den Reformator braucht die Menschheit kein anderes Licht als die Vernunft, wenn sie mit menschlichen und alltäglichen Dingen zu tun hat. So sagt Luther: »Darum bleret auch gott iyn der Schrift nit, wie man heußer bawen, kleyder machen, heyratten, kriegen, ... oder dergleychen thun soll, das sie geschehen; denn da ist das natürlich liecht [der Vernunft] gnugsam zu.«[35] Für Luther stehen die Vernunft und das Gesetz in einem engen Verhältnis: »Die menschliche Vernunft hat das Gesetz als Objekt.«[36] Die kontinuierliche Kreativität Gottes, auch durch die Machenschaften des sündhaften Menschen hindurch, wird durch die menschliche Vernunft ausgeübt. Daher hat die Person, die »in impietate mersus et diaboli habet voluntatem, rationem, liberum arbitrium et potestate maedificandi domum, gerendi magistratum, gubernandinavem, et faciendi alia officia quae homini sunt subiecta, Gen. primo. Eaenim non sunt adempta homini. Non est sublata generatio, politia, oeconomia, sed confirmata est his dictis.«[37] Und »inn welltlichen reich mus man aus der vernunft (daher die Rechte auch komen sind) handeln, denn Gott hat der venunfft unterworffen solch zeitlich regiment und leiblich wesen.«[38] Aufs kürzeste zusammengefasst sah Luther, dass die »ratio aliquo modo praestare potest [iustitia civili].«[39]

IV. Natürliche Theologie

Luther, durch Augustin und andere Formen mittelalterlichen Apophatizismus' beeinflusst, bejahte Gottes Unbegreiflichkeit[40]. Aber das bedeutet

---

[35] WA 10/1, 1,531.

[36] WA 10/1, 1,531.

[37] MARTIN LUTHER, Galaterbrief-Vorlesung (1535), WA 40/1, 293,29-33 (LW 26:174).

[38] MARTIN LUTHER, Eine Predigt, daß man Kinder zur schulen halten solle (1530), WA30/2, 562,27-30 (LW 46:242).

[39] MARTIN LUTHER, Galaterbrief-Vorlesung (1535), WA 40/1, 305,33 (LW 26:183).

[40] »Si enim talis esset eius iustitia, quae humano captu posset iudicari esse iusta, plane non esset divina et nihilo differret ab humana iustitia. At cum sit Deus verus

nicht, dass wir nichts über Gott wissen. Luther hält daran fest, dass es eine zweifache Kenntnis Gottes gibt, eine allgemeine und eine spezielle: »Generalem habent omnes homines, scilicet, quod Deus sit, quod creaverit coelum et terram, quod sit iustus, quod puniat impios etc. Sed quid Deus de nobis cogitet, quid dare et facere velit, ut a peccatis et morte liberemur et salvifiamus (quae propria et vera est cognitio Dei), homines non noverunt.«[41] (Dieses kann nur aus der Zusage des Evangeliums erkannt werden.)

Da eine allgemeinen Kenntnis Gottes gegeben ist, schließt Luther eine natürliche Theologie nicht aus. Man kann beispielsweise Andeutungen auf kosmologische und teleologische »Beweise« für Gottes Existenz finden, obwohl diese im strengen Sinne nie als Beweise vorgeführt werden. Besser formuliert geht es hier um Verallgemeinerungen der allen denkenden Menschen gegebenen Zugänglichkeit Gottes, unabhängig davon, ob sie dessen bewusst sind oder nicht. Luther schreibt z. B.: »Denn menschliche vernunft und weisheit kan dennoch von irselbs so weit komen, das sie schleust (wiewol schwechlich), das da müsse ein einig, ewig, Göttlich wesen sein, welches alle ding erschaffen, erhelt und regieret, weil sie sihet solch schon trefflich geschepff, beide, im Himmel und auf Erden, so wunderbarlich, ordenlich und gewis in seinem Regiment gefasset und gehend, das sie sagen mus, Es sey nicht möglich, das es sol on gefehr oder von im selbs also gemacht sein und gehen.«[42] Im gleichen Sinne schreibt Luther: »Sicut autem ingenio Aristotelem Ciceroni antepono. Ita Ciceronem video de his ipsis rebus disputasse multo prudentius. Cavete nimsi biab hoc loco de infinito, tanquam a periculososcopulo, et arripit locum religionis, hoc est, transfert disputationem ad Creaturae consideratione, quae aliquomodo iudicari a ratione potest. Videt tam concords superiorum motuum

---

etunus, deinde totus incomprehensibilis et inaccessibilis humana ratione, par est, imo neccessarium est, ut et iustitia sua sit incomprehensibilis….« Siehe MARTIN LUTHER, De servo arbitrio (1525), WA 18, 784,9-12 (LW 33:290). Zum Apophatizismus bei Augustin siehe KNUT ALFSVÅG, What No Mind Has Conceived: On the Significance of Christological Apophaticism, Leuven, Peeters, 2010, S. 88-98.

[41] MARTIN LUTHER, Galaterbrief-Vorlesung (1535), WA 40/1, 607,28-32 (LW 26:399).

[42] WA 21, 509,6-13.

rationes, videt certas temporum vices, certas formas terra nascentium, videt Hominem ad id conditum, ut et intelligat haec et iis fruatur. Itaque eode flectit sententiam, ut statuat: et Deum esse aeternam mentem, cuius providentia omnia ista sic gubernantur, et Animam hominis esse immortalem.«[43]

Luther erkennt die allgemeine Offenbarung Gottes weniger auf Grund eines Rückschlusses aus der providentiellen Bestimmung oder dem letzten Ziel des Menschenlebens. Häufiger erkennt er sie jedoch in einer Anamnese, wonach alle Menschen a priori in der Erinnerung haben, dass es einen Gott gibt, wie er dies in seinem »Kommentar zu Jonah« (1526) mit der Beschreibung der erschrockenen zu Gott fliehenden Bootsleute zeigt[44]. Dieses Erinnern des Wahrseins Gottes ist eher platonisch als aristotelisch und könnte ein Grund sein, warum der junge Luther in dem philosophischen Abschnitt der Heidelberger Disputation (1518) Plato und nicht Aristoteles bevorzugt[45].

Nach Luther ist es nicht die Existenz Gottes, die bezweifelt wird, sondern Gottes Einstellung zum Menschen. »Das ein Gott sey, von dem alle ding geschaffen sein, das weissestu aus seinen wercken, das ist: an dir und allen Creaturn, die sihestu wol, Aber in selbs, wer es sey, was fur ein göttlich Wesen, und wie er gesinnet sey, das kanstu nicht von auswendig ersehen noch erfaren.«[46] Wahre Gotteserkenntnis erkennt und anerkennt, dass Gott für seine Welt sorgt. Diese Art der göttlichen Sorge und Liebe ist dem Philosophen fremd. »Philosophi disputant et quaerunt speculative de Deo et perveniunt ad qualemcunque notitiam, sicut Plato intuetur et agnoscit gubernationem divinam. Sed omnia sunt obiectiva tantum,

---

[43] MARTIN LUTHER, Galaterbrief-Vorlesung, WA 42, 408,34-409,3 (LW 2:208).

[44] MARTIN LUTHER, Der Prophet Jona ausgelegt (1525), WA 19, 205,27-206,6 (LW 19:53).

[45] MARTIN LUTHER, Heidelberger Disputation, WA 1, 354 (LW 31:42), These 36: »Si Aristoteles absolutam cognoviss et potentiam Dei, ad huc impossibile asseruiss et materiam starenudam.«

[46] MARTIN LUTHER, WA 51, 150,42-151,3.

nondum est cognitio illa quam habet Ioseph, quod curet, quod exaudiat et opituletur adflictis, hoc non potest statuere Plato.«[47]

Wenn man wahre Gotteserkenntnis haben will, dann kann man nicht der forensischen *pro me* Dimension entkommen, wenn solche Kenntnis tatsächlich wahr ist. »Sonder, das ist das recht erkentnis, wenn du da durhaltest und weyst, das Got und Christus deyn Gott und deyn Christus sey, welches der Teuffel und die falschen Christen nicht glewben kunden. Also ist das erkentenis nichts anders denn der rechtschaffene Christliche glawbe, denn wenn du Gott und Christum also erkennest, so wirstu dich auch mit gantzem hertzen auff yhn vertrawen yn gluck und ungluck, ym leben und sterben.«[48]

Luthers Gotteserkenntnis als »existentialistisch« zu bezeichnen, wäre ein Anachronismus. Dennoch kann man sagen, dass Luthers Perspektive eine sehr erfahrungsbezogene ist, ohne dass diese Erfahrung zur Quelle oder Norm seiner Theologie gemacht würde. Natürlich ist unsere Erfahrung Gottes oft sehr schmerzlich. Denn: »Vivendo, immo moriendo et damnando fit theologus, non intelligendo, legendo aut speculando.«[49] Die Vernunft wird sehr schnell unbrauchbar in den Dingen, die Luther am wichtigsten sind: Wie werden wir erlöst? Wie werden wir gerecht vor Gott? Ist Gott zur Hilfe bereit?[50] Daher fehlt uns Weisung in den wichtigsten Dingen[51].

---

[47] MARTIN LUTHER, Genesisvorlesung, WA 44, 591,34-39 (LW 8:17).

[48] MARTIN LUTHER, Die ander Epistel Sanct Petri und eine S. Judas gepredigt und ausgelegt, WA 14, 16,11-17 (LW 30:152).

[49] MARTIN LUTHER, WA 5, 163,28 f.

[50] MARTIN LUTHER, Der Prophet Jona ausgelegt (1525), WA 19, 206,15-17 (LW 19:54); WA 19, 206-207 (LW 19:55-56).

[51] MARTIN LUTHER, WA 10/1, 532,1-12.

V. Glaube und Verstehen in ›De servo arbitrio‹

Luthers Überzeugung, dass der Glaube allein notwendig und genügend zur Rechtfertigung vor Gott und zur Erfüllung unserer Bestimmung als Geschöpfe ist, deren Gutsein in der Orientierung auf Gott hin liegt, wird auch in ›De servo arbitrio‹ (1525) betont. Diese Schrift wurde mit dem Ziel verfasst, die Behauptung des Erasmus zu widerlegen, dass der Mensch *coram Deo* einen freien Willen besitzt. Das wirkt sich aus auf die Beziehung zwischen Vernunft und Glaube. Luthers Bekräftigung des Glaubens an Christus als zur Rechtfertigung notwendig und ausreichend hat als logische Schlussfolgerung, dass Augustins altbekanntes Streben nach dem »Verstehen suchenden Glauben« (fides quaerens intellectum) – wobei das Verstehen ein höheres Mittel zur Einigung mit Gott ist als der Glaube – untergraben wird.

Eine zentrale Behauptung in Luthers Schrift ist, dass alles notwendig geschieht, wenn Gottes Handeln notwendig ist oder wenn eine Notwendigkeit der Konsequenz besteht (auch wenn es in seiner wesentlichen Natur nicht notwendig wäre). Alle Dinge geschehen durch Notwendigkeit[52]. Freilich kann dann der sündige Mensch nichts zu seiner Rechtfertigung beitragen. Solche Wahrheit ereignet sich wiederum als Gesetz, das die Sünder mit der Wahrheit ihrer eigenen Nichtigkeit konfrontiert und bewirkt, dass der Mensch an sich verzweifelt, weil Errettung – richtig verstanden – außerhalb seiner eigenen Kräfte liegt. Solche Sünder, die zunichte gemacht wurden, können nur darauf warten, dass Gott in ihnen wirkt[53]. Ähnlich wie wir das aus der Galatervorlesung gelernt haben, ist es nicht der Fall, dass ein Sollen ein Können impliziert, auch wenn dies für die Vernunft sinnvoll erscheint. Das Gesetz macht unser Unvermögen *coram Deo* offenbar[54]. Wenn Christus zu unserer Rechtfertigung vor Gott nötig ist, dann kann kein freier Wille bestehen. Die Vernunft versteht Gottes Gebote so, als ob sie eine Wahlmöglichkeit implizierten, und schreibt

---

52 MARTIN LUTHER, De servo arbitrio (1525), WA 18, 617,16.
53 MARTIN LUTHER, De servo arbitrio (1525), WA 18, 632,36-633,1.
54 MARTIN LUTHER, De servo arbitrio (1525), WA 18, 674,1-3.

daher das menschliche Tun des Sünders sich selber zu; aber die Schrift lehnt dieses als falsch ab[55]. Für den Reformator beinhaltet ein Imperativ kein Vermögen, sondern nur eine Forderung. Daher wird Gnade nicht denen gegeben, die ihr Bestes versuchen, sondern denen, die an sich selbst verzweifeln[56]. Luther macht einen Unterschied zwischen Gottes fremdem Werk (opus alienum), das uns Sünder, die in allem – auch in der Frömmigkeit – ausschließlich sich selbst suchen, tötet, und Gottes eigentlichem Werk (opus proprium), das uns durch den Glauben an Christus lebendig macht. Der Gegenstand und Grund des Glaubens, Christus, wird durch die Verkündigung eines Predigers gehört, aber nicht gesehen.

Paradoxerweise tötet Gott, um lebendig zu machen. Jedoch, im Gegensatz zu der Behauptung Augustins, dass der Glaube das Verstehen sucht, verwirrt und zerrüttet dieses Paradoxon unseren Verstand: »Si igitur possem ulla ratione comprehendere, quomodo is Deus sit misericors et iustus, qui tantam iram et iniquitatem ostendit, non esset opus fide. Nunc cum id comprehendi non potest, fit locus exercendae fidei, dum talia praedicantur et invulgantur, non aliter, quam dum Deus occidit, fides vitae in morte exercetur.«[57]

Glaube dient nicht als Abschussrampe für das Verstehen, das dann den Glauben übertrifft und ihn in höhere, nachahmende Partizipation Gottes, übersteigt, sondern der Glaube allein ist notwendig und ausreichend: Er gibt uns alles, was wir brauchen.

Wie im *Galaterbrief-Kommentar* von 1535 begegnen wir auch hier in *De servo arbitrio* der Sprache der Mystik. Aber diese Sprache wird nicht gebraucht, um uns zu verlocken oder zu ermutigen, auf der Leiter des mystischen Aufstiegs zur Gottheit zu steigen. Der der Mystik wesentliche Apophatizismus hat nur die Funktion, jede Grundlage der Selbstgerechtigkeit *coram Deo* wegzunehmen. Gott als das unzugängliche Licht ist eben genau dies: unzugänglich. Aus diesem Grund sollen wir uns an dem Wort festhalten und »Occupte vero sese cum Deo incarnato seu (ut Paulus

---

[55] MARTIN LUTHER, De servo arbitrio (1525), WA 18, 676,38-677,4.
[56] MARTIN LUTHER, De servo arbitrio (1525), WA 18,684,6.
[57] MARTIN LUTHER, De servo arbitrio (1525), WA 18, 633,19-24.

loquitur) cum Ihesu crucifixo in quo sunt omnes thesauri sapientiae et scientiae, sed absconditi; per hunc enim abunde habet, quid scire et non scire debeat.«[58] Gewiss, weil Gott »sese reservavit super omnia« (weniger nominalistisch, mehr apophatisch) »agit Deus praedicatus ut ablato peccato et morte salvi simus.«[59]

VI. Widerspruch, nicht Analogie

Wir sehen in der Heidelberger Disputation (1518), dass für Luther die Realität Gottes dem Menschen in paradoxer Weise gegeben wird, unter dem Zeichen des Gegensatzes[60]. Wie in der 19. und 22. These angezeigt, ist dieses eine Bedrohung aller analogischen Argumentation in Bezug auf Gott und daher auf alle theologische Argumentation, wie sie im Normalfall geschieht[61]. Wie Vitor Westhelle feststellt, glaubten die Scholastiker, dass die Vernunft ein Gerüst für den Glauben stellt. Sie lehrten, dass der Glaube die Vernunft erfüllt und sie durch Analogie zur Vollkommenheit bringt[62]. Dagegen bietet Luther eine ironische Dekonstruktion der Analogie in der Theologie und befreit die Theologie von den damaligen herrschenden Methoden der Vernunft, die hauptsächlich von Aristoteles beeinflusst waren. Für Luther ist es die Schrift und nicht Aristoteles, die die Norm der theologischen Überlegungen bietet. Die Analogie soll in der Theologie hinfort nicht mehr das bestimmende Element sein. Jedoch, wie Knut Alfsvåg gezeigt hat, wird Luthers Zugang zur Schrift vom neoplatonischen Apophatizismus vermittelt. Der junge Luther war gut vertraut

---

[58] MARTIN LUTHER, De servo arbitrio (1525), WA 18, 689,22-25.

[59] MARTIN LUTHER, De servo arbitrio (1525), WA 18, 689, 20-25.

[60] ALISTER E. MC GRATH, Luther's Theology of the Cross, Oxford, Great Britain, Basil Blackwell 1985, S. 160.

[61] Siehe WALTHER VON LOEWENICH, Luthers Theologia Crucis, Christian Kaiser Verlag, München 1954.

[62] VITOR WESTHELLE, The Scandalous God: The Use and Abuse of the Cross, Minneapolis, Fortress, 2006), S. 45.

mit Platos` *Parmenides*[63] und den Schriften des Dionysius Areopagita[64]. Wie Alfsvåg herausstellt, präsentiert der dionysische Apophatizismus die Realität für Luther passender als die aristotelische Metaphysik. Dennoch ist der dionysische Apophatizismus geistlich unangemessen, weil er zu theoretisch ist. Er ignoriert die Angst der Sünder, die nicht in der richtigen Beziehung zu Gott stehen.

Alfsvåg, der Luthers Beurteilung der aristotelischen Unzugänglichkeiten kommentiert, weist darauf hin, dass »Aristoteles sich mit einer positiven Untersuchung des Vernünftigen zufrieden gibt. Die Dialektik des Negativen, die durch die Gegenwart des Unendlichen sich herstellt, ist nicht vorhanden.« Mit »Dialektik des Negativen« verweist Alfsvåg auf Luthers »Diskussion der Einheit in Platos ‚Parmenides' [in den philosophischen Thesen der Heidelberger Disputation], in der [Plato] ... zuerst der Einheit alles entzieht, bis sie dem Nichts gleich ist, dann aber wird der Einheit wieder alles zurückgegeben, so dass nichts übrigbleibt, was nicht die Einheit beinhaltet. Daher existiert nichts, was nicht Anteil an der Einheit hat, was in dieser Art und Weise beides außerhalb und in allem ist.«[65] Alfsvåg stellt Luthers Bezugnahme auf Dionysius und die »Dialektik des Negativen« folgendermaßen dar:

Luther hat die Dialektik des Negativen als ein grundlegendes Moment der christlichen Theologie nie verworfen. Im Gegenteil: sie war der Nährboden, auf dem die weit mehr bekannten Dichotomien im lutherischen Denken, wie Gesetz und Evangelium oder Vernunft und Offenbarung, entstanden. »Zugegebenermaßen fehlte dem späteren Luther in der diony-

---

[63] Siehe HELMAR JUNGHANS, Die probationes zu den philosophische Thesen der Heidelberger Disputation Luthers im Jahre 1518, Lutherjahrbuch (1979) S. 46, besonders S. 59. Dieser Artikel enthält eine Übersetzung der auf Latein geschriebenen philosophischen Thesen in der Heidelberger Disputation und deren Beweisführung. Die Beweisführung für These 38 lautet: »Die Erörterung gegen jenes Eine des Parmenides schlägt – einem Christen sei es verziehen – in die Luft« und offenbart eine innigste Kenntnis der platonischen Schrift Parmenides.

[64] KNUT ALFSVÅG, What No Mind has Conceived: On the Significance of Christological Apophaticism, Leuven, Peeters, 2010), S. 198 ff.

[65] KNUT ALFSVÅG, Luther as a Reader of Dionysius the Areopagite, in: Studia Theologica 65 (January 2012), S. 105.

sischen Erforschung des Negativen die Betonung des erschreckenden Erlebnisses in der Begegnung des Zornes Gottes. Aber dies ist eine Betonung, die zur neuplatonischen Denkstruktur hinzugefügt werden mag (Luther würde sicherlich sagen: muss), ohne mit deren grundsätzlichen philosophischen Voraussetzungen zu brechen ...«[66]

Luther bejaht den Gebrauch der Analogie in der Philosophie und Politik, insofern sie weltliche und irdische Dinge betrifft. Es darf aber der Vernunft nicht genehmigt werden, Gottes Wort zu normieren[67]. Luthers Theologie wird weniger von der Analogie gekennzeichnet als vom Paradox. Auf keinen Fall aber besagt dies, dass die Analogie nicht in Luthers Theologie vorhanden wäre. Luther gebraucht andauernd Analogien, wenn er z. B. die zwei Naturen, die in Christus vereinigt sind, erklärt (wie das Feuer und das Eisen im glühenden Eisen vereint sind[68]) oder das neue Leben in Christus (der fröhliche Wechsel des Eigentums zwischen Mann und Frau oder die geteilte *forma* zwischen dem Wissenden und das Objekt der Erkenntnis[69]). Solche Ähnlichkeit im Unterschied ist jedoch im Paradoxen

---

[66] KNUT ALFSVÅG, Luther as a Reader of Dionysius the Areopagite, in: Studia Theologica 65 (January 2012), S. 110-111: »Luther gewährt der Welt sich wieder als göttliches Geschenk darzubieten (sola gratia), in dem er das Vertrauen in den Unerkennbaren (sola fide) als die einzige richtige Annäherung zur Realität darstellt.«

[67] VITOR WESTHELLE, The Scandalous God: The Use and Abuse of the Cross, Minneapolis, Fortress, 2006), S. 51-53.

[68] MARC LIENHARD, Luther, Witness to Jesus Christ, Stages and Themes of the Reformer's Christology, Minneapolis, Fortress, 1982), S. 126 – hier mit Hinweis auf WA 6, 510.

[69] Zum »fröhlichen Wechsel« vgl. MARTIN LUTHER, Von der Freiheit eines Christenmenschen, WA 7, 25,28-26,1. Hinsichtlich der Erkenntnisfrage bemerkt Olli-Pekka Vainio: »Das geistige und kognitive Verstehen des Evangeliums besteht in der Erkenntnis des Gottes, der sich selbst für die Sünder und um ihretwillen hingibt. Die Verkündigung des Evangeliums schafft im Sünder den Glauben, der Christus ergreift und besitzt (apprehendit). Der Modus dieses Ergreifens ist mit Hilfe der Terminologie der aristotelischen Epistemologie zu fassen, die Luther benutzt und entfaltet, wenn er Christus als Form des Glaubens bezeichnet. Aristoteles vertrat die Ansicht, dass im Erkenntnisakt die Form des Erkenntnisgegenstands in das erkennende Subjekt transferiert wird. Nach Aristoteles gilt, dass, wenn wir z. B. an

verortet. Das Paradox betont nicht die Ähnlichkeit im Unterschied zwischen Dingen, die aufeinander bezogen sind, sondern wirkliche Gegensätzlichkeit. Solch ein Paradox untergräbt das Kontinuum zwischen Natur und Gnade, wie wir es im Realismus oder in der föderal-theologischen, gleichwohl aber vernünftigen Vereinbarung zwischen dem göttlichen Angebot und der erwarteten menschlichen Antwort in der Pakttheologie der nominalistischen Theologie sehen.

Es ist auf alle Fälle klar, dass man innerhalb und außerhalb der Theologie vernünftig urteilt. Aber vernunftgemäßes Argumentieren innerhalb der Theologie hat Rechenschaft von der Menschwerdung und Gottes paradoxem Werk, in welchem er Sünder erlöst, indem er sie gerecht spricht, abzulegen. Die Vernunft ist rechenschaftspflichtig gegenüber dem Evangelium, in welchem Gott »*das Unedle vor der Welt und das Verachtete, das da nichts ist*« (1. Kor 1,28) erwählt. Wie wir in der Galaterbriefvorlesung (1535) gesehen haben, empfängt der Glaube die Erkenntnis, auch wenn diese stark von der Erkenntnis, die dem Gesetz erwächst, unterschieden ist: »*Apprehenditur autem Christus non lege, non operibus, sed ratione seu intellectu illuminato fide. Et illa apprehensio Christi per fidem proprie est Speculativa vita (de qua Sophistae multa nugantur; sed dicant, nesciunt).*«[70] Aber der Glaube ist nicht *a priori* von den Kategorien, die von der aristotelischen Tradition als vernunftgemäß bezeichnet werden, umschrieben. Das Evangelium überschreitet solche Umschreibung.

Pferde denken, der Erkenntnisgegenstand die Form des Pferdes ist, wie diese in einem bestimmten Exemplar tatsächlich gegeben ist. Das hat jedoch zur Folge, dass dieselbe Form im Verstand des Beobachters realisiert wird, während zugleich der Gegenstand seine Form behält. Mit anderen Worten: Das Pferd verliert nicht seine Form und hört damit auf, Pferd zu sein, wenn wir es wahrnehmen. Aber wie ist das möglich? Ohne auf die Einzelheiten der mittelalterlichen Diskussion dieser Dinge einzugehen, lässt sich die allgemeine Anschauung festhalten, wonach menschliches Denken und der Verstand die rationale Struktur der Welt nachbilden und so in gewisser Weise mit der Welt eins werden, während die Gegenstände der Welt ihre inhärenten Strukturen weiterhin behalten.« Vgl. OLLI-PEKKA VAINIO, Faith, in: Engaging Luther. A (New) Theological Assessment, Eugen, Oregon, Wipf & Stock, 2010, S. 141-142.

[70] MARTIN LUTHER, Galaterbrief-Vorlesung (1535), WA 40/1, 447,15-17 (LW 26:287).

Janz stellt heraus, dass die Analogie in ihrer Struktur sowohl dem Ähnlichen wie dem Unähnlichen zwischen aufeinander bezogenen Größen (*relata*) Rechnung trägt[71]. Jedoch sind sich Christen uneinig im Bezug auf das Wesen der analogen Rede über Gott. Sollten wir Thomas von Aquins »analogia entis« bejahen, die an der Unterschiedenheit zwischen Gott als Unerschaffenem und der Welt als Geschaffenem festhält, ungeachtet des göttlichen Eindrucks in allem, was er gemacht hat? Ein solcher Zugang zur Analogie kann mit dem des zeitgenössischen Theologen Eberhard Jüngel kontrastiert werden. Für Jüngel setzt das Evangelium als analoge Rede wegen der Menschwerdung »eine noch größere Ähnlichkeit« inmitten solch großer Unähnlichkeit zwischen Gott und der Welt[72].

Indem dieser Kontrast dargestellt wird, steuern wir von der historischen Theologie hin zur zeitgenössischen Theologie. Aber dies kann uns helfen, den Unterschied zwischen paradoxem und analogischem Argumentieren besser zu verstehen. Jüngel stellt die Frage nach dem Wesen der Analogie, um ihr Verständnis, wie es der römisch-katholische Wissenschaftler Erich Przywara vertritt, zu untergraben. Die Ansicht Przywaras entwickelte sich auf Grundlage des vierten Laterankonzils (1215): »... man kann zwischen dem Schöpfer und dem Geschöpf solch große Ähnlichkeit nicht wahrnehmen, ohne notwendigerweise die größere Unähnlichkeit zwischen beiden wahrzunehmen.« Für Przywara reflektiert die Beziehung zwischen Gott und der Welt eine tiefere Unähnlichkeit in einer so großen Ähnlichkeit zwischen Schöpfer und Geschöpf. Für Jüngel ist solch eine Ansicht unvereinbar mit der Menschwerdung, Gottes »Selbstidentifikation« mit dem Mann Jesus. Anstelle dessen schlägt Jüngel eine »Analogie des Advent« vor, in der Gott als ein »Ereignis« in die Sprache eingeht. Er bezieht sich auf Gleichnisse, wie z. B. auf das des wartenden Vaters (Lukas 15), die das Wesen der Liebe Gottes anzeigen. Das Geheimnis Gottes liegt nicht darin, dass Gott für den Menschen undenkbar wäre, sondern in der

---

[71] DENIS R. JANZ, Syllogism or Paradox. Aquinas and Luther on Theological Method, in: Theological Studies 59 (March, 1998), S. 3-21.

[72] Siehe EBERHARD JÜNGEL, Gott als Geheimnis der Welt. Zur Begründung der Theologie des Gekreuzigten im Streit zwischen Theismus und Atheismus, Tübingen, 1982.

trinitarischen Erzählung der Güte und Großmut, die Gott am Menschen erweist.

Beide Konzeptionen von Analogie, sei es die des »Seins« (Thomas von Aquin, Przywara) oder die des »Advents« (Jüngel), werden von Luthers Lehre untergraben. Wenn z. B. die Menschwerdung wahr ist, müssten wir sagen, dass es wirklich eine eindeutige Rede über Gott gibt: Dass Gott ein bestimmter Mann ist, Jesus von Nazareth, ist keine Analogie, sondern eindeutig wahr. Im Bezug auf die eigentliche Frage betont Janz zu Recht, dass die Analogie ein Element der Unterschiedenheit hat, die im Apophatizismus der römisch-katholischen Tradition, wie Przywara sie vertritt, zu finden ist. Dagegen wird diese Unterschiedenheit in der barthianischen Tradition einer »Analogie des Advents«, wie sie Jüngel vertritt, geringer betont. Das Paradox wird weniger auf der Grundlage der Unterschiedenheit zwischen zwei *relata* als vielmehr auf dem Gegensatz zwischen zwei dargestellten Wahrheiten (dieses bezieht sich semantisch auf zwei Realitäten im Denken Luthers) gegründet. Mit andern Worten: im analogischen Denken entspricht die Ähnlichkeit der Unähnlichkeit und umgekehrt – ungeachtet dessen, welche der beiden wir in dieser Polarität betonen. Der Gegensatz aber, mit dem wir es im Paradox zu tun haben, misst Selbigkeit (sameness) an ihrem Gegensatz. Die Paarbegriffe, die sich an einer Theologie des Kreuzes ausrichten und Luthers Theologie als Ganzes prägen – wie z. B. »Stärke in Schwäche«, »Leben wird durch dem Tod gegeben«, »Gnade wird durch Gericht gegeben« – stellen nicht einfach Unähnlichkeiten dar, sondern wirkliche Gegensätze. Solche Gegensätze, denen man im Anspruch des Evangeliums auf Sünder begegnet, verwirren wenigstens die Fähigkeit der Vernunft, Analogien ohne irgendein spekulatives Schema zwischen Glaube und Vernunft zu bilden (wie man das vielleicht bei einem Denker wie Hegel finden könnte). Diese Gegensätze setzen die Vernunft auf eine andere Spur. Sie stellen die Vernunft als ein Instrument dar, das dem gegenüber verantwortlich ist, was Gott wirklich getan hat[73].

---

[73] Was hier impliziert wird, darf nicht generell Jüngels Bekräftigung der Theologie als Nachdenken – d. h. ein Denken, das den Wegen folgt, die von Gott begangen wurden – ausschließen.

Später hat Luther in seiner Galaterbriefvorlesung (1535) darauf aufmerksam gemacht, dass Gesetz und Evangelium nicht nur unterschieden sind, sondern »plus quam contradictoria separata sunt.«[74]

Der Begriff der »Selbigkeit« bzw. »Gleichheit« ist vom Begriff »des Unähnlichen« unterschieden. Gleichheit und sein Gegenteil enthalten Konflikt, sogar Unverträglichkeit. In der Polarität des Ähnlichen und Unähnlichen hingegen geschieht dieses nicht. Die Polarität zwischen dem Ähnlichen und Unähnlichen könnte die Verhältnismäßigkeit überschreiten, als eine eins zu eins Übereinstimmung, die verglichen und gegenübergestellt werden kann. Jedoch hat sie einen Ton, der neutraler ist als der des Gleichen und Verschiedenen[75]. In diesem letzten Fall haben wir es mit Dingen zu tun, die miteinander unvereinbar sind. In einer Theologie des Kreuzes ist es die Unverträglichkeit zwischen Leben und Tod. Das ist ein Gegensatz, der jeden Versuch einer systematischen Synthese verhindert, besonders die Hegelsche. Wenn man dieses theoretisch betrachtet, ist das Gleiche im bestimmten Sinne das Gegensätzliche seines Gegensatzes, während der Gegensatz des Verschiedenen schwerer zu etablieren ist, weil das Ähnliche ein Element des Verschiedenen – im Bezug auf das, mit dem es verglichen wird und umgekehrt – beinhaltet. Hier ist mehr als einfache Nichtvergleichbarkeit. Man hat es mit einer Unverträglichkeit zu tun, die in der Struktur der Beziehung selbst begründet ist. Nur wenn Gott neues Leben aus dem Tod schafft, kann ein Faden der Beziehung noch erhalten bleiben. Wie Luther es später in De servo arbitrio gesagt hat, dass solche Gegenüberstellung zwischen Gottes »eigentlichem« und seinem »fremden« Werk besteht, damit Glauben auch Glauben bleibt: »Altera est, quod fides est rerum non apparentium. Ut ergo fidei locus sit, opus est, ut omnia quae creduntur, abscondantur. Non autem remotius absconduntur, quam

---

[74] MARTIN LUTHER, Galaterbrief-Vorlesung (1535), WA 40/1, 520,25-27 (LW 26:33). Auch im Angesicht solchen Widerspruchs zwischen Gesetz und Evangelium sagt Luther, dass sie trotzdem in »affectu coniunctissima esse«.

[75] Siehe Richard Bernsteins Diskussion der Vergleichbarkeit, Vereinbarkeit und Verhältnismäßigkeit, in: RICHARD BERNSTEIN, Beyond Objectivism and Relativism: Science, Hermeneutics, and Praxis, Philadelphia, Pennsylvania, University of Pennsylvania Press, 1983, S. 86 ff.

sub contrario obiectu, sensu, experientia. Sic Deus dum vivificat, facit illud occidendo; dum iustificat, facit illud reos faciendo; dum in coelum vehit, facit id ad infernum ducendo ....«[76]

VII. Wenn der Glaube seine Unschuld verliert

Wenn Luther das Wesen des rettenden Glaubens zur Sprache bringt, kommt ein Konflikt zwischen Glaube und Vernunft zutage. Die Behauptung, dass Luther gänzlich auf das Wesen des rettenden oder rechtfertigenden Glaubens fokussiert ist, ist eine Binsenweisheit[77]. Ein Beispiel für diesen Konflikt kann in Luthers Galaterbriefvorlesung gefunden werden (1535): »Itaque procul hic absit ratio, inimica fidei, quae in tentationibus peccati et mortis nititur non iustitia fidei seu Christiana, quia eam penitus ignorat, sed propria aut ad summum iustitia legis. Quam primum autem Lex et ratio coniunguntur, statim virginitas fidei violata est. Nihil fortius adversatur fidei quam Lex et ratio, atque illa duo sine magno conatu et labore superari non possunt, et tamen superanda sunt, si modo salvaro velis.«[78]

Der sündhafte Mensch versucht, die Vernunft, die in alltäglicher Problembewältigung so effektiv ist, in Dingen der Ewigkeit einzuführen. Doch hier kann die Vernunft das Problem, das aus unserer Überzeugung hervorgeht, nämlich, dass wir zu unserer eigenen Gerechtigkeit nichts bei-

---

[76] MARTIN LUTHER, De servo arbitrio (1525), WA 18, 633,7-11 (LW 33:62).

[77] Brian Gerrish bemerkt, dass »der Gläubige weder die göttliche Zurechnung durch seinen Glauben verdient noch es sich dabei um eine rechtliche Fiktion handelt: Gott beurteilt das Vertrauen des Herzens als ‚recht', weil es recht ist. Diese Eigenschaft kommt darin zum Ausdruck, dass der Glaube seinem Wesen nach aus Gott keinen Götzen macht, sondern ihn genau so nimmt, wie er ist, nämlich als Autor und Geber jeder guten Gabe, das exakte Gegenstück zum (empfangenden) Vertrauen des Gläubigen. In diesem Sinn ist der Glaube im Akt des Glaubens der Schöpfer der Gottheit in uns, denn er lässt Gott Gott sein.« Vgl. BRIAN GERRISH, By Faith Alone, The Old Protestantism and the New: Essays on the Reformation Heritage (Edinburgh, Great Britain: T & T Clark), S. 86.

[78] MARTIN LUTHER, Galaterbrief-Vorlesung (1535), WA 40/1, 204,15-21 (LW 26:113).

tragen können, nicht lösen, sondern es trägt nur zu diesem Problem bei und verschlimmert es. Freilich hat die Moralphilosophie einen guten Willen (bonam voluntatem) und wahren Verstand (rectam rationem) als Ausgangspunkt nötig, aber diese können nicht den Erlass unserer Sünden und ewiges Leben erreichen[79]. Um dieses Ziel zu erreichen, haben wir einen aktiven und großmütigen Christus nötig. Wir aber werden coram Deo gänzlich empfangend und passiv gerecht gemacht. Dennoch bleibt die Tendenz des Willens des von Sünde behafteten Menschen, für die Selbstgerechtigkeit Partei zu ergreifen. Dieses Vertrauen in Werke, »summa est sapientia, iustita et religio, de qua ratio iudicare potest, eamque habent communem omnes gentes, Papistae, Iudaei, Mahomestistae, sectarii etc. Altius assurgere non possunt quam Pharisaeus ille in Luca. Non cognosscunt iustitiam fidei seu Christianam ... si hoc vel illud facero, habebo Deum propitium, si non, habebo iratum, Non est media via inter operationem humanam et Christi cognitionem; hac obscurata perinde est, sive postea sis monachus, sive ethnicus etc.«[80]

Keine der Ressourcen, die ein Sünder in sich besitzt, auch nicht die Vernunft, so nobel sie auch sei, können ihn vor den Anschuldigungen des Gesetzes retten. Eigentlich pflegen sie nur die Selbstgerechtigkeit; und das entspricht auf alle Fälle nicht dem in Ehren halten des göttlichen Wesens Gottes. Luther folgert daraus, dass der rettende Glaube grundsätzlich ein Werk Gottes ist, durch welches wir Christus erfassen[81] oder ergreifen[82]. Darin sind der Wissende und das Gewusste vereint, weil sie eine gemeinsame Form teilen, nämlich Christus selber, und dadurch rettende Erkenntnis bekommen[83]. Anstatt unsere Unfähigkeit, das Gesetz zu erfüllen, aufzuzeigen und uns daher zu töten, meint die Vernunft, dass man kann, was man soll. Die Rolle des Gesetzes widerspricht für Luther daher der intui-

---

[79] MARTIN LUTHER, Galaterbrief-Vorlesung (1535), WA 40/1, 411,1 (LW 26:396).
[80] MARTIN LUTHER, Galaterbrief-Vorlesung (1535), WA 40/1, 603,20-31 (LW26:396).
[81] MARTIN LUTHER, Galaterbrief-Vorlesung (1535), WA 40/1, 164,20 (LW 26:88).
[82] MARTIN LUTHER, Galaterbrief-Vorlesung (1535), WA 40/1, 77,17 (LW 26:29).
[83] MARTIN LUTHER, Galaterbrief-Vorlesung (1535), WA 40/1, 99,1-2 (LW 26:42).

tiven Annahme, dass – wie nach Kant – das Sollen das Können einschließt. Doch ist für den Sünder genau das Gegenteil der Fall.

In ähnlicher Weise ist Luthers Einlassung auf die Sprache des Mystizismus, in der er uns mahnt »ascendendas in tenebras, ubi nec Lex nec ratio lucet, sed solum aenigma fidei (1. Kor 13,12) quae certo statuat se salvari extra et ultra legem« eine Einlassung, die jeden Weg der Selbstgerechtigkeit negiert und bekräftigt, dass wir coram Deo im Glauben und nicht im Schauen wandeln[84]. Es ist kein Wunder, dass Luther an anderen Stellen nicht aufs Auge, sondern aufs Ohr verweist: Dies sei das passende Organ, mit dem wir in Beziehung zu Gott stehen[85]. Wir sollen dem Wort vertrauen und alle Selbstgerechtigkeit ausschließen, auch wenn unsere Vernunft diese Selbstgerechtigkeit behaupten will. Glaube ist das Vertrauen auf Christus allein als unsere »formale Gerechtigkeit«, nicht das Vertrauen auf unsere Werke der Liebe, die diesem Glauben überhaupt erst Gestalt geben sollen: »Et tamen in istis tenebris Christus fide apprehensus sedet. Quemadmodum Deus in Sinai et in Templo sedebat in medio tenebrarum. Est ergo formalis nostra iustitia non charitas informans fidem, sed ipsa fides et nebula cordis, hoc est, fiducia in rem quam non videmus, hoc est, in Christum qui, ut maxime non videatur, tamen praesens est.«[86]

Es ist also keine Überraschung, wenn Luther daran festhält, dass der Glaube die Gottheit vollendet, natürlich nicht in Gott selber, sondern in uns. Es ist der Glaube, der uns mit Christus vereinigt und »die wahre Erkenntnis« Gottes gibt[87].

---

[84] MARTIN LUTHER, Galaterbrief-Vorlesung (1535), WA 40/1, 204,24-25 (LW 26:113).

[85] »Nam si quaeras ex Christiano, quodnam sit opus, quo dignus fiat nomine Christiano, nullum prorsus respondere poterit nisi auditum verbi Dei idest fidem. Ideo solae aures sunt organa Christiana hominis, quia non ex ullius membri operibus, sed de fide iustificator et Christianus iudicator«, WA 57, 222,5-9 (LW 29:224).

[86] MARTIN LUTHER, Galaterbrief-Vorlesung (1535), WA 40/1, 229,17-21 (LW 26:130).

[87] MARTIN LUTHER, Galaterbrief-Vorlesung (1535), WA 40/1, 376,24 (LW 26:238).

VIII. Paradoxe und diskursive Wahrheit

Zu Recht sollte man nicht davon ausgehen, dass Luthers Paradoxien der Mehrdeutigkeit Raum lassen. Dieses war zumindest nicht die Auffassung des nachlutherischen Konfessionalismus. Es scheint dem Denken Kierkegaards mehr als dem lutherischen Denken zu ähneln, dass das Paradox dem Irrationalismus Raum lässt. Einige Paradoxe, wie z. B.: »Nichts ist so klein, Gott ist noch kleiner. Nichts ist so gros, Gott ist noch grösser. Nichts ist so kurtz, Gott ist noch kürtzer. Nichts ist so lang, Gott ist noch lenger. Nichts ist so breit, Gott ist noch breiter. Nichts ist so schmal, Gott ist noch schmäler und so fort an. Er ist ein anaussprechlich wesen uber und ausser allem, das man nennen odder dencken kann«[88] kommen aus Luthers apophatischem Zugang zu Gott. Andere, wie z. B. die Beziehung zwischen Gesetz und Evangelium, oder besser gesagt, die Beziehung zwischen Gottes fremdem und seinem eigentlichen Werk, in dem das Erste um des Letzten willen geschieht, sind keine wahren (d. h. unauflöslichen) Paradoxien. Denn der Gegensatz löst sich auf, wenn man zum Glauben kommt; Gottes fremdes Werk ist seinem eigentlichen untergeordnet.

Christologische Paradoxien entstehen anscheinend aus der Überschneidung der philosophischen Gegensätzlichkeit zwischen dem Endlichen und Unendlichen und der theologischen *assertio* der Einheit der beiden Naturen in der Person Christi. Letztens kommt anscheinend doch ein wirklicher Gegensatz zum Ausdruck, wenn Luther daran festhält, dass wir für unser Verhalten verantwortlich sind, auch wenn wir *coram Deo* keinen freien Willen haben. Paradoxien können diskursiv betrachtet werden, jedoch beschränken sie die Aussicht der spekulativen Ermittlung. Daher – so Martin Luther – soll die Philosophie nicht in die Theologie eindringen oder eingreifen, was viel wahrscheinlicher ist, als dass die Theologie in die Philosophie eindringt.

---

[88] MARTIN LUTHER, Vom Abendmahl Christi, Bekenntnis (1528), WA 26, 339-340,2 (LW 37:228).

IX. Weltliche Vernunft

Luther ordnet die Vernunft zusammen mit dem Gesetz den Dingen zu, die mit dem Zeitlichen und nicht mit den Ewigen zu tun haben, denn seine Auffassung der Vernunft ist durch eine bestimmte theologische Linse bestimmt, nämlich die der rechtmäßigen Unterscheidung von Gesetz und Evangelium. Die mittelalterliche Auffassung des christlichen Wallfahrers oder *viator* wurde durch eine Leiter, die in das ewige Leben hinaufsteigt, gekennzeichnet. Wie die Nominalisten behaupteten, dass, wenn wir unser Bestes geben (*facere quod in se est*), Gott uns mit der Gnade belohnen wird, die es unserer endlichen Natur letztendlich erlaubt, ins ewige Leben erhöht zu werden, wo wir dann von Sünde geheilt werden. Für Luther ist diese Leiter eine Einbahnstraße: von Gott zu uns, aber nie umgekehrt. Luther ist sich dessen sicher, dass, wenn wir von unserer Egozentrik befreit sind, zu der uns solche Werkgerechtigkeit bindet, wir spontan gute Werke für unseren Nächsten erbringen werden. Nach Luthers Sicht der Dinge ist die zeitliche Welt weder vorrangig eine Analogie Gottes noch ein weltlicher, gottloser Raum ohne Tiefe. Vielmehr ist sie eine Maske Gottes (*larva dei*): die Art und Weise, in der Gott durch seine Schöpfung mit uns redet – ein Reden zur Kreatur durch die Kreatur, wie Johann Georg Hamann es treffend darstellt[89], als Teil der fortlaufenden göttlichen Vorsehung, als Versprechen oder Gebot. Es gibt nichts in dieser Welt, was als Sprungbrett zum ewigen Leben dienen kann. Stattdessen ist diese Welt ein Mittel, mit dem Gott uns versorgt und ein Raum, in dem wir frei sind, unsere Berufe für das Wohlergehen unseres Nächsten und zur Ehre Gottes auszuüben.

Besonders die Aufklärung begann mit dem Bestreben nach Verweltlichung der Öffentlichkeit. Sie verbannte den christlichen Glauben in die Mythologie und sah in der instrumentalen Vernunft, besonders in dem Bestreben nach Effizienz, die Grundlage der Wahrheit. Effizienz leitet jedoch nicht zur Wahrheit, sondern zu weiter entwickelten Methoden, die Welt zu kontrollieren. In ironischer Weise, wie Peter Gay vor Jahrzehnten bemerk-

---

[89] Siehe Aesthetica in nuce, in: Writings on Philosophy and Language, hg. von Kenneth Haynes, Cambridge, Cambridge University Press, 2007, S. 65.

te, ist die weltliche Sphäre nicht weniger mythologisch oder religiös als in der mittelalterlichen Perspektive. Die Religion der Moderne ist eine Wiederherstellung des Heidentums[90], entweder in einer gnostischen Ausprägung, nach der nichts so heilig ist wie das Selbst, oder in epikuräischer Ausprägung, in der alle nach dem größtmöglichen Glück für die größtmögliche Zahl suchen und streben können[91]. Wie Steven Smith in seinem Buch The Disenchantment of Secular Discourse zeigt, kann die Vernunft zuletzt auch nicht einmal eine Grundlage für einen ordentlichen Moraldiskurs schaffen[92]. Die weltliche Vernunft ist sehr erfolgreich in Dingen der Quantifizierung. Doch außer der Möglichkeit, Ideen eines zweckbestimmten Kosmos oder einer endbestimmten Ursache mit vorherbestimmten Entwurf in den öffentlichen Diskurs einzuschmuggeln, haben wir keine andere Möglichkeit, mit der wir die Freiheit, die wir so schätzen, bekräftigen können, weil wir von der weltlichen Vernunft verdrängt sind. Mit ›einschmuggeln‹ meint Smith: »Unser modernes und säkularisiertes Vokabular behauptet, unzulässige Ideen erweisen zu dürfen, wie diejenigen, die die vorneuzeitlichen Moraldiskurse belebt haben: Ideen eines zielbestimmten Universums oder einer teleologischen Natur, die mit aristotelischer ›Finalursache‹ oder einem vorherbestimmten Entwurf verbunden sind. Wenn jedoch unsere tiefsten Überzeugungen auf solchen Ideen beruhen und solche Überzeugungen ihren Sinn und Inhalt verlieren durch eine Trennung von solchen Ideen, dann haben wir vielleicht keine andere Wahl als diese Ideen in unseren Dialog einzuschmuggeln, um sie unter irgendeinen weltlichen Vorwand inkognito vorzustellen.«[93]

---

[90] Siehe PETER GAY, The Enlightenment: The Rise of Modern Paganism, New York, W. W. Norton, 1966.

[91] Zum modernen Gnostizismus siehe HAROLD BLOOM, The American Religion, The Emergence of the Post-Christian Nation, New York, Simon & Schuster, 1992, S. 49-52, S. 55-58, S. 256-58. Zum Epikurianismus, siehe BENJAMIN WICKER, Moral Darwinism, How we Became Hedonists, Downers Grove, Illinois, InterVarsity Christian Press, 2002.

[92] STEVEN SMITH, The Disenchantment of Secular Discourse, Cambridge, Massachusetts, Harvard University Press, 2010.

[93] STEVEN SMITH, The Disenchantment of Secular Discourse, Cambridge, Massachusetts, Harvard University Press, 2010, S. 26-27.

Daher führen wir Ideen der Freiheit und Gleichheit ein, die genügend verallgemeinert sind, um dem Makel der Parteilichkeit oder einer bestimmten religiösen Zugehörigkeit zu entkommen. Dann behaupten wir, dass unsere Argumente aus diesen fließen. Wie Stanley Fisch bemerkt: »Dennoch stellt Smith klar heraus (Peter Westen und anderen folgend), dass Freiheit und Gleichheit, und hier können wir Gerechtigkeit, Kulanz und Unbefangenheit zufügen, reine Abstraktionen sind. Bis wir Antwort auf Fragen wie ‚Gerechtigkeit im Bezug auf welchen Standard' oder ‚Gleichheit in Bezug auf welche Maßnahmen?' bekommen, können wir nichts aus diesen Abstraktionen folgern. Erst wenn diese Fragen beantwortet werden, haben sie genügend Gehalt, die Ausführungen zu leiten.«[94]

Wenn es einen heidnischen theologischen Kern in der weltlichen Beweisführung gibt, dann lässt die Theologie zu viel zu, indem sie ihn nicht in Frage stellt. Wenn Theologen auch nicht in der Lage sind, dieses ohne jeden Zweifel zu beweisen, müssen sie das Kind dennoch beim Namen nennen. Die eigentliche Mythologie, in der die weltliche Vernunft sich finden lässt, ist keineswegs wissenschaftlicher als die des christlichen Mythos. Tatsächlich sollten wir fragen, was das Christentum an sich hat, dass das Sprießen und das letztendliche Wachstum der wissenschaftlichen Vernunft unter Europäern und nicht unter anderen Gruppierungen erlaubte[95].

Dazu kommt, dass es ein Geheimnis ist, in welcher Art und Weise der Verstand des Menschen Materie aufzeichnen oder die Natur der materiellen Realität, der Mathematik und andere wissenschaftliche Methoden, wie das in der Physik und Chemie zu sehen ist, zuordnen kann. Die Behauptung, dass die Fähigkeit des Geistes zur Weltwahrnehmung, wonach wir die Realität durch Modelle und durch vor der Öffentlichkeit rechenschaftsfähige Methoden begreifen können, nur wegen des Überlebens Wert hat, genügt nicht. Weiterhin ist es unvorstellbar, dass man den Erfolg der dem Verstand zuzuordnenden Realität in der Physik und Chemie auf das Glück eines Zufalls in der menschlichen Entwicklung zurückführt. Mit

---

[94] STANLEY FISH, "Are There Secular Reasons?" New York Times (February 22, 2010).

[95] Siehe JAMES HANNAM, The Genesis of Science: How the Christian Middle Ages Launched the Scientific Revolution, Washington, DC, Regency, 2011.

anderen Worten: Warum oder wie das Universum genügend »anthropisch« sein muß, um wenigstens bis zu einem bestimmten Maße verstanden zu werden, ist ein Geheimnis. Daher ist das Geheimnisvolle nicht nur im Herzen theologischen Denkens zu finden, in Themen wie z. B. der Trinität oder der Sühne. Es ist vielmehr auch Eingang oder Tor zu aller wahren wissenschaftlichen Reflexion. In diesem Lichte betrachtet heißt das: Je mehr wir wissen, desto weniger wissen wir. Die Frage »Warum ist überhaupt etwas und nicht vielmehr nichts?« kann nur im Bereich des Glaubens, nicht aber im Bereich des Wissens gestellt werden, selbst wenn solcher Glaube nicht der biblischen Wahrheit entspricht.

X. Schlussfolgerung

Luthers Zugang zur Vernunft ist hilfreich und fördert gründliche Beweisführung. Denn er schlägt einen Kurs ein, der weder rationalistisch noch irrational ist. Er würdigt die Wahrheit, dass der Mensch am Ende durch Geheimnisse begrenzt ist und dass nur die Geschichtserzählungen, nicht aber die Vernunft als solche mit ihrem Drang zur Unabhängigkeit und Selbstgenügsamkeit in der Lage sind, ein nahtloses metaphysisches Gewand zu weben. Die Vernunft ist nötig und ausreichend im Umgang mit weltlichen Angelegenheiten. Doch verfügt sie nicht über die Ressourcen, mit denen die Realität als Ganzes begriffen werden kann. Im Kern ist die ganze Realität stets vom Geheimnisvollen getragen. Die Vernunft ist auch nicht in der Lage, die Rahmenbedingungen zum Verständnis dessen zu bieten, wie das Evangelium Gottes Gnade den Sündern gewährt. Die Erlösung enthält eine bestimmte innere Logik; z. B. geschieht Gottes fremdes Werk nur um seines eigentlichen Werkes willen. Dass aber unser begrenztes, um nicht zu sagen sündhaftes, menschliches Verstehen für die endgültige Realität durchsichtig wird, ist ein Traum und nicht mehr. Die wesentlichen Dinge geschehen immer *ad hoc* und im Bezug auf Glauben muss auch die Logik der Grammatik des Glaubens folgen. Dennoch ist die Vernunft ausreichend gerüstet, dem Wohl der Öffentlichkeit und dem Gedeihen menschlichen Lebens zu dienen, besonders wenn die Vernunft als eine gute Schöpfung und nicht als Grundlage für eine angebliche Befreiung von der Religion anerkannt wird.

Ebenfalls müssen Theologen versuchen, ihre eigene Arbeit nicht in der Überspanntheit ihrer eigenen Erfahrung, sondern in der Objektivität des Wortes zu gründen. Erst dann wird es der Theologie möglich sein, mehr Aufmerksamkeit von einem größeren Publikum zu bekommen und einen Beitrag zum Wohl der Kirche und der Welt liefern zu können. Dabei ist Luther unser Lehrmeister.

BERNHARD FELMBERG:
Politik und Vernunft – ein sich ergänzendes Begriffspaar oder gegensätzliche Pole?

I. Einleitende Überlegungen

Vielleicht geht es Ihnen wie mir: Der Titel meines Beitrages »Politik und Vernunft – ein sich ergänzendes Begriffspaar oder gegensätzliche Pole?« hat mich zunächst schmunzeln lassen: Er suggeriert, dass Vernunft und Politik deutlich gegeneinanderstehen, und vielleicht sogar, dass Politiker per se unvernünftig sind. Wir alle wissen, dass das nur in den seltensten Fällen stimmt. Leider gibt es aber viele Bürgerinnen und Bürger, die anderer Ansicht sind und auf »die da oben« schimpfen. Die Liste der Vorwürfe, die den demokratisch legitimierten Entscheidungsträgern unseres Landes gemacht werden, ist lang: Geldverschwendung, menschenferne Politik oder die Umsetzung illegitimer Eigeninteressen. Sie könnten dieser Auflistung jetzt sicherlich weitere solche, und ganz gewiss nicht immer unbegründete, Urteile hinzufügen – es lässt sich schlichtweg nicht leugnen: Politik hat gelegentlich den Anschein, nicht von Vernunft geleitet zu sein. Doch was heißt das für unsere Frage nach dem Verhältnis von Politik und Vernunft?

Meines Erachtens hat die Vernunft im Verhältnis zur Politik die Funktion eines Korrektivs.

Lassen Sie mich aber zunächst kurz darstellen, wie ich die Begriffe Vernunft und Politik in diesem Vortrag verwende. Danach zeichne ich eine geschichtliche Linie des Gegenübers von Politik und Vernunft nach, dazu werde ich auf Aussagen Platons und Kants eingehen. Anschließend komme ich auf Vernunft und Politik in der Bundesrepublik zu sprechen. Abschließend folgt ein Einblick in meine Arbeit als, wenn ich so sagen darf, »Botschafter der kirchlichen Vernunft« im politischen Berlin. Ich werde Ihnen darlegen, wieso ich meine, diesen Titel tragen zu dürfen – obwohl wir Kirchenvertreter zweifellos immer auch eine weitere Dimension ansprechen, die in den Worten des Kanzelsegens zum Ausdruck kommt: »Der Friede Gottes, der höher ist als alle Vernunft, bewahre eure Herzen und Sinne in Christus Jesus.«

Politik und Vernunft – das ist ein weites Feld. Ein Diskurs darüber findet im akademischen Kontext, aber auch teilweise in den Medien statt. Beide Begriffe werden vielfältig gebraucht. Ich stelle Ihnen im Folgenden kurz vor, wie ich sie in unserem Zusammenhang verwende.

1. Vernunft

Martin Hartmann, Professor für Philosophie an der Universität Luzern, bezeichnet den Diskurs über die Vernunft in einer der Ausgaben der »Zeit« als »philosophischen Hauptdiskurs des Abendlandes«[1]. Nichts Geringeres als diesen Diskurs also führen Sie hier auf Ihrer Tagung seit gestern. Ich gestehe, dass ich beeindruckt bin von Ihrem Mut, sich dieser nicht eben geringen Herausforderung zu stellen. Gerade in der Zeit der Globalisierung ist uns noch deutlicher geworden, dass es verschiedene Rationalitäten gibt. Ob und wie sich diese zu einer einzigen Auffassung von Vernunft zusammenfassen lassen, bleibt umstritten.

Ich werde mich auf die praktische Vernunft beziehen. Dabei stimme ich der vereinfachenden, aber für meine Zwecke ausreichend tragfähigen These zu, die besagt: »Vernünftig handelt, wer über gute Gründe für seine Entscheidungen verfügt.«[2] Das Adjektiv ›gut‹ verstehe ich in diesem Zusammenhang sowohl ethisch als auch qualitativ. Gründe sind gut, wenn sie gut sind für das Individuum und für die Gesellschaft, und wenn sie reflektiert sind, also durchdacht und in ihrer Logik überzeugend. Vor dem Hintergrund dieses Verständnisses des Adjektivs ›gut‹ gehe ich von einer grundlegenden Bezogenheit der praktischen Vernunft auf das Gemein-

---

[1] Die Zeit 37/2012 vom 6. September 2012 S. 54.
[2] ULRICH BARTH, Art. Vernunft II TRE 761.

wohl oder auf eine allgemeine Sittlichkeit aus. Damit schließe ich aus, dass die rein egoistische Selbstsorge als vernünftig verstanden werden kann.

2. Politik

Unter Politik ist im Allgemeinen jede Form »der Einflussnahme und Gestaltung sowie Durchsetzung von Forderungen und Zielen, sei es in privaten oder öffentlichen Bereichen«[3] zu verstehen. Die gegenwärtige Politikwissenschaft unterscheidet zwischen »politics«, »policy« und »polity«. Mit »politics« werden politische Prozesse beschrieben, das Ringen um die Durchsetzung bestimmter Inhalte. Zu den »politics« von Nichtregierungsorganisationen, Gewerkschaften oder Kirchen kann die Beteiligung an politischen Prozessen, etwa an Gesetzgebungsverfahren, gehören. Dabei versuchen verschiedene politische Akteure bestimmte Inhalte oder Ziele durchzusetzen. Diese Inhalte und Ziele werden »policy« genannt und stehen somit in einem engen Bezug zu den Prozessen, den »politics«. Unter »policy« fallen u.a. konkrete Inhalte wie zum Beispiel die Forderung oder Ablehnung des Betreuungsgeldes im familienpolitischen Diskurs, oder die Befürwortung oder Kritik eines Auslandseinsatzes der Bundeswehr in der Außen- und Sicherheitspolitik.

Der Begriff »polity« ist etwas weiter von dem entfernt, was wir umgangssprachlich mit Politik bezeichnen. »Polity« bezeichnet den Rahmen, in welchem Politik geschieht. Dieser Rahmen ist meistens über einen langen Zeitraum gewachsen und teilweise schriftlich fixiert. Gesetze, Bestimmungen und die Verfassung gehören dazu. Diese Strukturen müssen auf allgemeine oder zumindest weitgehende Akzeptanz treffen, um ihre Wirksamkeit entfalten und erhalten zu können[4].

Ein Aspekt der Politik, der mir im Zusammenhang mit Vernunft bedeutsam scheint, ist der Aspekt der Macht. Thomas Hobbes, Niccolò Machiavelli und Max Weber haben den Gegenstand der Politik im Sinne

---

[3] KLAUS SCHUBERT / MARTINA KLEIN: Das Politiklexikon. 5., aktualisierte Auflage, Bonn, Dietz 2011.

[4] HILTRUD NASSMACHER, Politikwissenschaft, S. 3.

von »politics« in Machterwerb, Machterhalt und Machtbehauptung gesehen. Harold Lasswell zeigt auch die Verbindung der Frage der Ressourcenverteilung mit Macht auf, indem er Politik als das Ringen um die Frage "Who gets what, when, how?" zusammenfasst[5].

Politik im Sinne von »politics« kann sich nur vollziehen, wenn sie die Macht hat, politische Inhalte, also »policies«, durchzusetzten Gestaltung, Handlung und Einflussnahme implizieren Macht.

Ich verkünde hier nichts Neues, wenn ich darauf hinweise, dass Macht immer in der Gefahr steht, missbraucht zu werden. Und hier sehe ich einen wichtigen Ansatz für die Beschreibung des Verhältnisses von Politik und Vernunft: Die Vernunft hat die Aufgabe, politische Macht zu reflektieren, zu kanalisieren und gegebenenfalls einzudämmen. Dazu muss sie »policies«, noch bevor diese durch »politics« einflussreich werden, auf ihre »guten Gründe« hinterfragen.

II. Platon und Kant – Kontrolle der Macht durch die Vernunft

Natürlich sind wir hier und heute nicht die Ersten, die sich mit dem Zusammenspiel von Politik und Vernunft beschäftigen. Zwei prominente Vorgänger möchte ich kurz erwähnen: Platon und Kant. Beide beschäftigten sich mit der Frage, ob eine Herrschaft von Philosophen eine geeignete Form der Regierung darstelle. Im Hintergrund steht dabei natürlich die Frage, ob einer solchen Regierung die Vernunft, also die Sorge um das Ganze, als sinnvolles Korrektiv der mit der Herrschaft verbundenen Macht gewissermaßen inhärent wäre.

1. Platon zu Politik und Vernunft in der Polis

Beginnen wir mit Platon. Sie wissen: Durch die Entstehung des griechischen Stadtstaates wurden Politik und Vernunft, Macht und Diskurs

---

[5] HAROLD LASSWELL, Who gets what, when, how? Glencoe, 1951.

eng miteinander verknüpft. Die Argumentation wurde zur »politischen Waffe par excellence, zum Instrument der Vorherrschaft im Staat.«[6] Es galt, andere zu überzeugen, und das sollte gelingen durch eine »Antwort, die kein Geheimnis mehr sei, sondern dem Maß des menschlichen Verstandes entsprechen muß.«[7] Vor diesem Hintergrund stellte sich für Platon die Frage, ob Philosophen die Herrschaft ausüben sollten – und der Philosoph beantwortete sie positiv: »Wenn nicht in den Staaten entweder die Philosophen Könige werden oder die, welche man jetzt Könige und Herrscher nennt, echte und gründliche Philosophen werden, und wenn nicht diese beiden, die politische Macht und die Philosophie, in eines zusammenfallen und all die vielen Naturen, die heute ausschließlich nach dem einen oder dem anderen streben, zwingend ausgeschlossen werden, dann, mein lieber Glaukon, gibt es kein Ende der Übel für die Staaten und, wie ich meine, auch nicht für die Menschheit.«[8]

Platon ging davon aus, dass Philosophen auf Grund »ihres Wissens vom Ganzen, […] auch für das Wohl des Ganzen«[9] kompetent seien. Dabei verwendete er einen sehr weit reichenden Wissensbegriff, der substantielles Wissen um soziale Zusammenhänge mit einschloss[10]. Philosophen betrachtete er als Menschen, deren Handeln von Vernunft geprägt ist, und denen es daher auch gelingt, durch die eigene Vernunft den Versuchungen der Macht zu widerstehen. Er schreibt seinem »Berufsstand«, wie der deutsche Philosoph Otfried Höffe zu Recht kritisiert, »höchst anspruchsvolle, […] höchst selten gegebene Voraussetzungen«[11] zu. Entscheidend ist für uns aber, dass schon Platon bewusst war, dass Herrschaft, die zwangsläufig der Macht bedarf, idealerweise durch die Vernunft geleitet wird.

---

[6] JEAN-PAUL VERNANT, Die Entstehung des griechischen Denkens, Einleitung – nach 25 Jahren verlegt im Verlag Pahl-Rugenstein, Vernunft und Politik, Frankfurt 1982.

[7] JEAN-PAUL VERNANT, Die Entstehung des griechischen Denkens, Frankfurt 1982, S. 209.

[8] PLATON, Politeia 473 c-d, hg. von OTFRIED HÖFFE.

[9] OTFRIED HÖFFE, Einführung: Sollen Philosophen herrschen?, Tübingen 2005, S. 16.

[10] PLATON, Politeia IV 428 a-d.

[11] OTFRIED HÖFFE, Einführung: Sollen Philosophen herrschen?, Tübingen 2005, S. 19.

2. Kants Weiterführung des Gedankens der Philosophenherrschaft

Und was sagt Kant dazu? Er hat Platons Gedanken weiter geführt, doch er scheint zu einem realistischeren Urteil gekommen zu sein, denn er verneinte die generelle Tauglichkeit von Philosophen als Herrscher. Anders als Platon ging Kant nicht von der prinzipiellen Integrität der Philosophie aus: »Daß Könige philosophieren, oder Philosophen Könige würden, ist nicht zu erwarten, aber auch nicht zu wünschen; weil der Besitz der Gewalt das freie Urteil der Vernunft unvermeidlich verdirbt. Daß aber Könige oder königliche (sich selbst nach Gleichheitsgesetzen beherrschende) Völker die Klasse der Philosophen nicht schwinden oder verstummen, sondern öffentlich sprechen lassen, ist beiden zur Beleuchtung ihres Geschäfts unentbehrlich und, weil diese Klasse ihrer Natur nach der Rottierung und Klubbenverbündung unfähig ist, wegen der Nachrede einer Propaganda verdachtlos.«[12]

Der Philosoph soll nach Kants Auffassung also nicht selbst herrschen, sondern die Herrschenden beraten. Diese Beratung stellte sich Kant als eine unparteiische vor. Die Unabhängigkeit der von Vernunft geleiteten Philosophen sei indes zu schützen vor den Einflüssen des Mächtigseins, denn, so meinte Kant: »Wer einmal die Gewalt in den Händen hat, wird sich vom Volk nicht Gesetze vorschreiben lassen.«[13]

Hier zeigen sich die unterschiedlichen Menschenbilder Kants und Platons. Platon war davon überzeugt, dass die Erkenntnis der Idee des Guten auch dazu führt, gut zu handeln. Die Herrschaft des Vernünftigen bedeutete für ihn deshalb einen Sieg des Gemeinwohls über das möglicherweise konträr dazu stehende Eigeninteresse des Herrschers. Kant dagegen zweifelte daran, dass Menschen sich wirklich immer am als vernünftig erkannten Gemeinwohl orientieren würden. Eigene Interessen, wie etwa der Wunsch nach persönlichem Besitz, machen nach Kants Einschätzung auch

---

[12] IMMANUEL KANT, Zum ewigen Frieden, in: Immanuel Kant, Werke in zwölf Bänden, hg. von WILHELM WEISCHEDEL, Frankfurt, 1977, S. 228.

[13] IMMANUEL KANT, Zum ewigen Frieden, in: Immanuel Kant, Werke in zwölf Bänden, hg. von WILHELM WEISCHEDEL, Frankfurt, 1977, S. 231.

vor Philosophen nicht halt[14]. Deshalb plädierte er für von der Macht unabhängige Philosophen als Berater derjenigen, die Politik im Sinn von »politics« betreiben. Diese unabhängigen Berater sollen dabei helfen, eine vernünftige »policy« zu entwickeln. Kant spricht sich also dafür aus, dass Vernunft und Macht institutionell getrennt werden, ohne zu unterstellen, dass Regierende per se unvernünftig sind.

III. Politik und Vernunft in unserer Gesellschaft

In unserer Demokratie geht die Herrschaft vom Volk, von allen Wahlberechtigen aus. Diese treten die Macht zu entscheiden, an einzelne Personen und Parteien ab, die auf unterschiedlichen Ebenen verschiedene Formen von Regierung und Opposition bilden.

1. Wir sind guter Verfassung – Parteiprogramme und das Grundgesetz

Die Grundsatz- und Wahlprogramme von vielen Parteien zeigen, dass diese selbst versuchen, das Ganze in den Blick zu nehmen und sich am Gemeinwohl zu orientieren. Nicht alle, aber glücklicherweise die meisten Parteien geben denjenigen ihrer Mitglieder, die Macht ausüben sollen, ein Programm mit, das »policies« enthält, die auf »gute Gründe« zurückgehen und zu guten »politics« führen sollen.

Darüber hinaus bekennen sich die demokratischen Parteien Deutschlands zum Grundgesetz, das zu Recht als ein »Konzept gegen die Unvernunft«[15] anzusehen ist. Der ehemalige Verfassungsrichter Paul Kirchhof bezeichnet den demokratischen Verfassungsstaat zu Recht als gekennzeichnet durch ein »Konzept der Entscheidungsoffenheit in einem recht-

---

[14] OTFRIED HÖFFE, Einführung: Sollen Philosophen herrschen?, Tübingen 2005, S. 21.
[15] So der Titel eines Aufsatzes von PAUL KIRCHHOF, Der Verfassungsstaat – ein Konzept gegen die Unvernunft S. 141-160, in: OTTFRIED HÖFFE, Vernunft oder Recht?, Tübingen 2006.

lichen Rahmen der Vernunft.«[16] Die Erfahrung von Bürgerkriegen hat zur Organisationsform von Staaten geführt, die ein Machtmonopol für sich beanspruchen.

Ich kann Kirchhof nur zustimmen, der den erreichten Konsens eines Verfassungsstaates für auf Dauer tragfähig hält, wenn (ich zitiere) »das Recht teilweise abänderbar ist [und] sich im übrigen in seinem Einflußbereich durch die Garantie individueller Freiheit deutlich zurücknimmt. Dabei schirmt der Vernunftgedanke unveräußerliches und unabdingbares Elementarrecht, insbesondere Menschenrechte, gegen jede Änderung ab.«[17] Kirchhof geht davon aus, dass die Vernunft die Geltungsautorität der Verfassung bekräftigt. Das Axiom seiner Darlegung ist sein Menschenbild, das ausgeht von dem Verständnis des »Menschen als eines vernünftigen, also eines freien und sittlichen Wesens, als einer mit Wert und Würde begabten Person.«[18] Dieses Axiom entspricht der Forderung Kants nach Anerkennung der Gleichheit der Menschen. Im Grundgesetz kommt dies durch die Grundrechte zum Ausdruck. Vor diesem Hintergrund ist es notwendig, die Urteile des Bundesverfassungsgerichts, die Parlament und Regierung Vorgaben machen, als legitime, vernünftige Beschränkung der Macht zu verstehen.

2. Opposition, vernünftige Beratung und die Entmachtung der Vernunft

Das Bundesverfassungsgericht ist ein Teil des »rechtlichen Rahmens der Vernunft«, der unser politisches System bestimmt. Nicht nur die Judikative, auch die Legislative ist strukturelle Voraussetzung für eine möglichst vernünftige Politik. Das Parlament kontrolliert die Regierung, und wir

---

[16] PAUL KIRCHHOF, Der Verfassungsstaat – ein Konzept gegen die Unvernunft S. 142, in: OTTFRIED HÖFFE, Vernunft oder Recht?, Tübingen 2006.

[17] PAUL KIRCHHOF, Der Verfassungsstaat – ein Konzept gegen die Unvernunft S. 144, in: OTTFRIED HÖFFE, Vernunft oder Recht?, Tübingen 2006.

[18] PAUL KIRCHHOF, Der Verfassungsstaat – ein Konzept gegen die Unvernunft S. 144, in: OTTFRIED HÖFFE, Vernunft oder Recht?, Tübingen 2006.

wissen, dass die Opposition diese Aufgabe naturgemäß etwas lauter tut als Vertreter der Regierungsfraktionen. Auch dies geschieht idealiter im Sinne der Vernunft: Einerseits kann die Opposition die Handlungen der Regierenden auf deren Begründung hinterfragen, andererseits kann sie eigene gute, also vernünftige Gründe benennen, die dann – immer noch idealerweise – in einen Wettstreit mit den »guten Gründen« der Regierung treten.

So kann die Opposition einen wichtigen Beitrag gegen die sogenannte »Entmachtung der Vernunft«[19] leisten. Diese »Entmachtung der Vernunft« sieht der eben bereits zitierte Philosoph Höffe dann gegeben, wenn z. B. beratende Gremien zwar eingesetzt werden, Politikerinnen und Politiker aber nur die Meinungen berücksichtigen, die ihrem bereits feststehenden politischen Willen entsprechen und dienen[20]. Das kann natürlich immer einmal vorkommen. Ein Beispiel für ein solches Vorgehen kann ich aus eigener Erfahrung beitragen: Die Stellungnahme, die der Rat der EKD zur Präimplantationsdiagnostik (PID)[21] im Februar 2011 veröffentlicht hat, ist eine äußerst differenzierte: Sie ist geprägt von dem Verständnis für den tiefen menschlichen Wunsch, ein gesundes Kind zu bekommen. Sie hält zudem fest, dass ein Leben mit Behinderung »in die ganze Bandbreite der Ebenbildlichkeit Gottes« eingeschlossen ist. Der Rat der EKD vertritt die Position, »dass die PID verboten werden sollte«, räumt aber ein, dass es unter seinen Mitgliedern unterschiedliche Meinungen gebe »zur Bewertung von Konstellationen, in denen die Anwendung der PID nicht die Funktion hätte, zwischen behinderten und nicht behinderten Embryonen zu unterscheiden, sondern die Aufgabe, lebensfähige Embryonen zu identifizieren.«

Sie können sich denken, was mit dieser Stellungnahme passierte: In der politischen Diskussion zog jeder Abgeordnete nur die Passagen für seine Argumentation heran, die ihm passten – die anderen ließ er oder sie beiseite. Die differenzierte Abwägung der Stellungnahme wurde dabei ausge-

---

[19] OTFRIED HÖFFE, Einführung: Sollen Philosophen herrschen?, Tübingen 2005, S. 26.
[20] OTFRIED HÖFFE, Einführung: Sollen Philosophen herrschen?, Tübingen 2005, S. 25.
[21] http://www.ekd.de/presse/pm40_2011_verbot_pid.html.

blendet. Befürworterinnen und Befürworter sowohl einer Liberalisierung der PID als auch einer radikalen Ablehnung beriefen sich auf die Stellungnahme und sahen ihre je eigene Position durch sie gestützt.

Trotz solcher Beispiele sehe ich die Beratung der Politik durch Sachverständige als eines der Instrumente, die unverzichtbar sind, da sie – zugegeben nicht in allen Fällen – zur Stärkung der Vernunft in (im Sinne von »politics« gemeinten) politischen Prozessen dienen. Sie soll helfen, gute Wege für ein gemeinwohlorientiertes und sittliches politisches Handeln zu finden und zu beschreiben.

Bisweilen geht es bei dieser Beratung auch um die Abwägung unterschiedlicher verfassungsrechtlicher Vorgaben. Die Schwierigkeiten, die sich in der Praxis ergeben können, sind in den letzten Wochen in der Debatte um die religiös motivierte Beschneidung männlicher Kinder deutlich geworden. Die Debatte begann, nachdem das Landgericht Köln im Mai 2012 urteilte, dass die Beschneidung eines Säuglings im November 2011 den Tatbestand der einfachen Körperverletzung erfülle. »Dieser Eingriff sei insbesondere nicht durch die Einwilligung der Eltern gerechtfertigt, weil sie nicht dem Wohl des Kindes entspreche.«[22] Die sich anschließende Diskussion wurde in großen Teilen unvernünftig und äußerst emotional geführt. Dabei kam es leider nicht selten zu erschreckenden rassistischen und antisemitischen Äußerungen.

Im September 2012 legte die Justizministerin einen Gesetzentwurf zur Beschneidung männlicher Kinder vor. Darin ist ausgeführt, dass (ich zitiere) die »Personensorge unter bestimmten Voraussetzungen auch das Recht der Eltern umfasst, in eine medizinisch nicht erforderliche Beschneidung ihres nicht einsichts- und urteilsfähigen Sohnes einzuwilligen.«[23] Der Begriff »medizinisch nicht erforderlich« ist dienlicher als der Begriff der religiösen Motivation. Die Zwecksetzungen von Beschneidungen können sehr unterschiedliche sein. Außerdem ist eine Erforschung religiöser Überzeugungen der Eltern praxisfern. Der Gesetzentwurf sieht vor, dass die Rechtmäßigkeit einer medizinisch nicht erforderlichen Beschneidung ab-

---

[22] Pressemitteilung des Landgerichts Köln vom 26. Juni 2012: /http://www.lg-koeln.nrw.de/Presse/Pressemitteilungen/26_06_2012_-_Beschneidung.pdf.

[23] Bundesministerium der Justiz, 25. September 2012.

hängig sein soll von einer Durchführung »nach den Regeln der ärztlichen Kunst«. Die Eltern sollen umfassend über den Eingriff aufgeklärt werden. Beschneidungen, die diesen Voraussetzungen folgend durchgeführt werden, sollen nicht als Körperverletzung bestraft werden können.

Das Beispiel der Debatte um die Beschneidung zeigt, dass auch die Vernunft im Blick auf das Recht sich nicht im luftleeren Raum bewegen kann. Oder – wie Kirchhof es ausdrückt –: das Recht bedarf es, abänderbar zu sein[24]. Um zu guten, also auf das Gemeinwohl bezogen vernünftigen Entscheidungen zu kommen, müssen der jeweilige geschichtliche Kontext und die gegenwärtige Lebenswelt von Menschen mitbedacht werden. Ausschlaggebend für die Entscheidung muss eine vernünftige Abwägung sein, die die individuellen und gesellschaftlichen Konsequenzen eines etwaigen Urteils antizipiert.

3. Pluralistische Elemente

So ausführlich sie bisweilen betrieben wird: Die Suche nach *dem einen* »guten Grund« für politisch vernünftiges Handeln erweist sich in vielen Fällen als unmöglich. Im politischen Alltag werden oft divergierende Gründe vorgetragen, die alle für sich beanspruchen, durchdacht zu sein und das Gemeinwohl im Blick zu haben. Verschiedene Interessensgruppen und Meinungsvertreter ringen um politischen Einfluss. Und auch wenn klar ist, dass eine von allen als vernünftig erachtete Lösung politischer Fragen nur selten gelingt: Diese Gruppen in einen Dialog zu bringen, lohnt sich in jedem Fall.

Gelungene Beispiele aus der Berliner Praxis sind der Ethikrat oder der Beirat für Innere Sicherheit des Verteidigungsministeriums. Der Deutsche Ethikrat besteht aus 26 Mitgliedern, die naturwissenschaftliche, medizinische, theologische, philosophische, ethische, soziale, ökonomische und rechtliche Belange in besonderer Weise repräsentieren. Zu seinen Mitglie-

---

[24] PAUL KIRCHHOF, Der Verfassungsstaat – ein Konzept gegen die Unvernunft S. 144, in: OTTFRIED HÖFFE, Vernunft oder Recht?, Tübingen 2006.

dern gehören Wissenschaftler und Personen, die in besonderer Weise mit ethischen Fragen der Lebenswissenschaften vertraut sind[25].

Sollten einzelne Mitglieder beim Verfassen von Stellungnahmen, Berichten oder Empfehlungen eine andere Auffassung vertreten, so haben sie die Möglichkeit, diese öffentlich darzulegen[26]. Diese Verfahrensform ermöglicht einen Diskurs »guter Gründe«, der keinen Konsens um jeden Preis erzwingt. Sie anerkennt, dass es unterschiedliche »gute Gründe« für politisches Handeln geben kann.

Ähnlich pluralbesetzt wie der Ethikrat ist der Beirat für Innere Sicherheit, der im Sommer 2012 sein erstes öffentliches Kolloquium mit dem Titel »Sicherheit gemeinsam gestalten« abgehalten hat. Dazu waren Vertreter aus Kirchen, Gewerkschaften, Wissenschaft und Wirtschaft eingeladen. Es war der Wille der Politik, vertreten insbesondere durch den zuständigen Bundesminister Thomas de Maizière, in einen Dialog zu treten. Die gemeinsame Suche nach konsensualen, vernünftigen Wegen in der Sicherheitspolitik wurde von Seiten der Politiker auch als etwas Entlastendes angesehen. Auch bei unterschiedlicher Auffassung konkreter Inhalte gestand man sich gegenseitig zu, das Gemeinwohl im Blick zu haben.

Im gesellschaftlichen Diskurs wird häufig die Frage gestellt, ob Religionen pluralismusfähig sind. Diese Frage ist generell mit Ja zu beantworten und konkret von Vertreterinnen und Vertretern der einzelnen Religionen zu explizieren. Als evangelische Christen haben wir einen Glauben, der sowohl um Pluralität als auch von der Einheit der Welt weiß, »die begründet und verbürgt ist in der Identität ihres von ihr unterschiedenen Grundes«[27] – in Gott. Reflektierter Glaube und überlegte Gewissheit wissen um ihre eigene Unverfügbarkeit und respektieren deshalb auch den Glauben oder Unglauben anderer, ohne deshalb eine Aussage über seine Wahrheit zu treffen.

---

[25] http://www.ethikrat.org/ueber-uns/auftrag.

[26] Vgl. http://www.ethikrat.org/ueber-uns/auftrag.

[27] EILERT HERMS, Kirche für die Welt. Lage und Aufgabe der evangelischen Kirchen im vereinigten Deutschland, Tübingen 1995, S. 464.

IV. Der Vorwurf der Unvernunft und evangelische Perspektivenvertretung

1. Zur Relevanz des Glaubens als öffentliches Deutungsangebot

Auch wir Christen engagieren uns politisch. Wir tun dies, weil unser Glaube nicht nur als Privatmeinung verstanden werden will. Vielmehr beansprucht er Relevanz als öffentliches Deutungsangebot für sozial- und individualethische Fragen. So begibt sich der christliche Glaube immer wieder in den Dialog mit anderen Konzeptionen, ohne einen inhaltlichen Konsens zu verlangen, aber mit dem Ziel, zu einer Verständigung zu kommen, in der die eigenen, die christlichen »guten Gründe« gehört werden. Christliche Theologie kann ein Orientierungswissen bieten und sich so als Lebenswissenschaft positionieren, die deutlich macht, dass »Religion nicht nur ein individuelles Meinen und Vermuten über das Jenseits und das Irrationale« ist, sondern »eine Lebensform, ein Ethos, das den Gläubigen in allen Lebensbereichen inspiriert und orientiert.«[28]

Es ist diese Inspiration, die dazu führt, dass Christen sich politisch engagieren. Als einzelne Christenmenschen tun wir dies überall in unserem Land und als organisierte Kirche arbeiten wir mit dem demokratischen Staat zusammen und beteiligen uns an für das Gemeinwohl relevanten Debatten. Auch wir Christen engagieren uns politisch. Wir tun dies, weil unser Glaube nicht nur als Privatmeinung verstanden werden will. Vielmehr beansprucht er Relevanz als öffentliches Deutungsangebot für sozial- und individualethische Fragen. So begibt sich der christliche Glaube immer wieder in den Dialog mit anderen Konzeptionen, ohne einen inhaltlichen Konsens zu verlangen, aber mit dem Ziel, zu einer Verständigung zu kommen, in der die eigenen, die christlichen »guten Gründe« gehört werden. Christliche Theologie kann ein Orientierungswissen bieten und sich so als Lebenswissenschaft positionieren, die deutlich

---

[28] EILERT HERMS, Kirche für die Welt. Lage und Aufgabe der evangelischen Kirchen im vereinigten Deutschland, Tübingen 1995, S. 425.

macht, dass »Religion nicht nur ein individuelles Meinen und Vermuten über das Jenseits und das Irrationale« ist, sondern »eine Lebensform, ein Ethos, das den Gläubigen in allen Lebensbereichen inspiriert und orientiert.«[29]

2. Können und dürfen wir mitwirken im Ringen um vernünftige Politik?

Einige Vertreterinnen und Vertreter atheistischer Überzeugungen wollen uns dieses Recht streitig machen mit dem Verweis, Religion sei unvernünftig.

Auch in meinem Alltag als Bevollmächtigter des Rates der EKD bei der Bundesrepublik Deutschland und der Europäischen Union erlebe ich immer wieder eine ablehnende Haltung gegenüber Religion mit der Begründung, sie sei unvernünftig, da unwissenschaftlich. Ich brauche Ihnen nicht zu sagen, dass ich diesen Vernunftbegriff nicht teile. Auf die Äußerungen und Ablehnungen gehe ich natürlich trotzdem ein.

3. Reflexion der evangelischen Perspektivenvertretung in Berlin

Die Frage, ob die politische Arbeit der EKD in Berlin vernünftig ist, ist durchaus berechtigt. Aber sie kann nicht die Frage nach der Legitimität der Vertretung evangelischer Perspektiven sein. Es gehört zu einer Demokratie und ihrem »vernünftigen gesetzlichen Rahmen«, dass unterschiedliche Gruppen ihre Interessen vertreten und ihre Sicht der Dinge mitteilen.

Darüber hinaus bin ich selbstverständlich überzeugt, dass unsere Arbeit in Berlin vernünftig ist. Wir haben »gute Gründe« für unser Engagement – und zwar »gute Gründe« im oben beschriebenen Sinn. Positionen, die wir vertreten, sind praxisorientiert, durchdacht und reflektiert. Sie haben – un-

---

[29] EILERT HERMS, Kirche für die Welt. Lage und Aufgabe der evangelischen Kirchen im vereinigten Deutschland, Tübingen 1995, S. 425.

gleich mehr als »klassische Lobbyvereine« – das Gemeinwohl im Blick. Daran arbeiten Referentinnen und Referenten im Büro des Bevollmächtigten, aber auch Fachgruppen der Diakonie, der Entwicklungsdienste, des Kirchenrechtlichen Instituts oder der Landeskirchen. Unterstützung erfahren wir immer wieder von den Universitäten, kirchlichen Instituten und den evangelischen Akademien.

Wenn wir Stellung beziehen in ethischen und sozialen Fragen, geht es um das Gemeinwohl aus christlicher Perspektive. Es ist uns ein Anliegen, nicht nur die Mitglieder der Kirche, sondern die gesamte Gesellschaft in den Blick zu nehmen. Unsere besondere Aufmerksamkeit gilt denjenigen, die selbst ihre Stimme nicht erheben können oder die in der Gefahr stehen, nicht gehört zu werden. Das sind gegenwärtig Menschen mit geringem Einkommen und Menschen aus sogenannten bildungsfernen Milieus. Das Drängen der zuständigen Referentin auf die Einhaltung der Menschenrechte und Wahrung der Menschenwürde von Asylbewerbern zeigt, dass uns in der Verfassung verbürgte Werte aus christlicher Perspektive wichtig und wertvoll sind.

Der »gute Grund«, der uns in unserem Handeln leitet, ist Christi Aufruf zur Nächstenliebe. Unsere Nächsten sind diejenigen, die unserer Stimme und unseres Engagements bedürfen. Wenn wir diesem Auftrag nachgehen, tragen wir mit dazu bei, dass die Vernunft gehört wird und ein Korrektiv der politischen Macht sein kann.

Unsere »guten Gründe« kommen hin und wieder an eine Grenze, wenn es um politische Kompromisse geht. Denn auch als evangelische Christen neigen wir gelegentlich zu klaren Aussagen und Forderungen, in denen wir kompromisslos sein wollen. Dabei übersehen wir als Kirche jedoch manchmal die Zwänge und Erfordernisse der Realpolitik. Realpolitischen Notwendigkeiten, wie der Praxis des Fraktionszwangs, stehen wir eher skeptisch gegenüber und sehen darin eine Gefahr für die Gewissensfreiheit. Diesen kritischen Blick gilt es auf der einen Seite zu bewahren, denn als Menschen, die nicht im politischen Geschäft stehen, ist uns die von Kant erwähnte Unabhängigkeit zu Eigen. Andererseits verdient die Durchsetzung politischer Macht auch Anerkennung, denn sie führt die als vernünftig erachteten »policies« erst zur Anwendung.

Über einen Mangel an klaren Positionen zum Beispiel zur Europapolitik können wir uns nicht beklagen. Doch die Frage, welche Maßnahmen vernünftig sind, bzw. welche Kombination von Maßnahmen mit »gutem Grund« erfolgen sollte, bleibt strittig. Diese und andere Fragen machen das politische Geschäft so spannend. Und es macht Freude, gesellschaftliche Entwicklungen »vernünftig« zu begleiten. Wie heißt es so schön schon im Gemeinsamen Sozialwort der Kirchen von 1997: »Die Kirchen wollen nicht selbst Politik machen, sondern Politik möglich machen.«[30]

Der Vortrag ist auch veröffentlicht unter
http://www.ekd.de/bevollmaechtigter/predigten_vortraege/84175.html.

---

[30] Wort des Rates der Evangelischen Kirche in Deutschland und der Deutschen Bischofskonferenz zur wirtschaftlichen und sozialen Lage in Deutschland S. 7, hg. vom Kirchenamt der Evangelischen Kirche in Deutschland und vom Sekretariat der Deutschen Bischofskonferenz.

JOHANNES VON LÜPKE:
»Heilig, gerecht und gut« – Theologische Kritik der Vernunft im Horizont der Aufklärung

I. Dialektik des Gesetzes und der Vernunft

»*Heilig*« nennt Paulus das Gesetz; und das Gebot sei »*heilig, gerecht und gut*« (Röm 7,12), es sei »zum Leben gegeben« (Röm 7,10). Resümierend hält er fest: »*Wir wissen, dass das Gesetz geistlich ist*« (Röm 7,14). Aber ist das Gesetz so gut, dass es das Heilige, Gerechte und Gute mitzuteilen und den Menschen zum Tun des Guten zu bewegen vermag? Ist es mit Gott, dem Guten und der Quelle alles Guten, identisch? Wohl kaum. »Niemand ist gut als Gott allein« (Mk 10,18 parr). Das Gesetz jedoch ist eine vermittelnde Instanz, von Gott »durch die Hand eines Mittlers« gegeben (Gal 3,19). Es ist Menschen anvertraut, die diese göttliche Gabe auch verkennen und missbrauchen können. Und dass sie es tatsächlich missbrauchen, seiner Kraft berauben und somit schwächen (Röm 8,3), davon geht Paulus aus. Eben dort, wo er das Gesetz so positiv würdigt und verteidigt, richtet sich der Blick auf den Menschen, der nicht in der Lage ist, dem Gesetz als der guten Gabe Gottes zu folgen. Wenn das Gesetz nicht das Gute, die Gerechtigkeit und das Leben bewirkt, sondern im Gegenteil der Sünde und dem Tod Vorschub leistet, so liegt das an der Verfassung des Menschen, der »unter die Sünde verkauft« (Röm 7,14) ist und sich nicht aus eigenen Kräften aus dieser Sklaverei befreien kann. Auch die geistigen Kräfte des Menschen, sein Erkenntnis- und Willensvermögen, sind darin eingeschlossen. Dass »in mir, das heißt in meinem Fleisch, nichts Gutes wohnt« (Röm 7,18), ist eine Aussage über den inneren Menschen, über die Unfähigkeit und Ohnmacht seines Willens wie auch über die Grenzen seines Verstandes.

Die Apologie des Gesetzes scheint somit in eine Verurteilung dessen einzumünden, was wir als Vernunft bezeichnen. Stellt Paulus dem heiligen Gesetz die unheilige, widergöttliche, sündhafte Vernunft gegenüber? Ist sie also alles andere als »heilig, gerecht und gut«? Einer solchen negativen Wertung widerspricht Paulus allerdings ausdrücklich. Auch die Vernunft ist Gabe Gottes. Paulus ist so wenig ein Verächter der Vernunft, dass er an anderer Stelle ihren Gebrauch nachdrücklich einfordert (vgl. 1. Kor 14,1-19). Und dass die Vernunft im Fleisch, unter der Macht der Sünde gefangen ist, ändert nichts daran, dass sie von sich aus auf das Gute bedacht ist. Der innere Mensch freut sich am Gesetz (Röm 7,22). Es gibt in ihm ein »Gesetz des Verstandes«, das dem »Gesetz der Sünde« widerstreitet (Röm 7,23) und dem geistlichen, von Gott gegebenen Gesetz entspricht, zwar ohnmächtig, aber doch so, dass ihm der Wille Gottes gleichsam eingeschrieben ist. Darf man also auch von diesem Gesetz, das der Mensch in sich trägt und das wir unter dem Begriff der Vernunft fassen können, sagen, es sei »heilig, gerecht und gut«?

Ausdrücklich behauptet hat das Johann Georg Hamann: »Die Vernunft ist heilig, recht und gut [...].«[1] Diese »paulinische Denkfigur«[2] ist geradezu der Schlüssel zu seiner kritischen, genauer gesagt: metakritischen Besinnung auf die Vernunft. In einem Brief an Johann Gotthelf Lindner vom 3. Juli 1759 heißt es: »Unsere Vernunft ist [...] eben das, was Paulus das Gesetz nennt – und das Gebot der Vernunft ist heilig, gerecht und gut. Aber ist sie uns gegeben – uns weise zu machen? eben so wenig als das Gesetz der Juden sie gerecht zu machen, sondern uns zu überführen von dem Gegentheil, wie unvernünftig unsere Vernunft ist, und daß unsere Irrthümer durch sie zunehmen sollen, wie die Sünde durch das Gesetz zunahm. Man setze allenthalben wo Paulus vom Gesetz redt – das Gesetz

---

[1] JOHANN GEORG HAMANN, Sämtliche Werke, hg. von JOSEF NADLER, Bd. 2, Wien 1950, S. 108,19 (Wolken).

[2] Vgl. ELFRIEDE BÜCHSEL, Paulinische Denkfiguren in Hamanns Aufklärungskritik. Hermeneutische Beobachtungen zu exemplarischen Texten und Problemstellungen, in: NZSTh 30, 1988, S. 269-284.

unsres Jahrhunderts und die Losung unserer Klugen, und Schriftgelehrten – die *Vernunft*: so wird Paulus mit unsern Zeitverwandten reden; und seine Briefe werden nicht mehr einer Trompete ähnlich seyn, nach deßen Schall sich keiner zum Streit rüstet, weil sie unverständlich das Feldzeichen giebt.«[3]

Über diesen Einfall Hamanns, Gesetz und Vernunft einander gleichzusetzen, wollen wir im Folgenden nachdenken. Wenn ich dabei gleichsam die von ihm angebotene »Trompete« zum Klingen zu bringen suche, nehme ich freilich nicht nur seine Gedanken auf. Es wird sich zeigen, dass Hamanns Metakritik der Vernunft weitgehend mit Luthers Kritik der Vernunft übereinstimmt. Hier wie dort geht es um die Doppelfrage, wie gesetzlich die Vernunft und wie vernünftig das Gesetz ist. Zunächst nehmen wir jene Grundfrage auf, die Hamann mit den »Klugen« seines Zeitalters teilt: Wie vernünftig ist die Vernunft?

II. Zweifel an der Vernunft. Hinweise zur Vernunftkritik der Aufklärung

Dem Einfall Hamanns liegt der Zweifel zugrunde, der die neuzeitliche Philosophie seit ihren Anfängen bei Descartes bewegt. Bezweifelt wird, dass die Vernunft mit sich identisch ist; so wie sie sich selbst versteht und gebraucht, ist sie keineswegs immer schon die wahre Vernunft. Eben weil sie Täuschungen verfallen und ihre Aufgabe verfehlen kann, bedarf es der Anstrengungen der Selbstreflexion und Korrektur, muss sie allererst zur

---

[3] JOHANN GEORG HAMANN, Briefwechsel, Bd. 1, hg. von WALTHER ZIESEMER und ARTHUR HENKEL, Wiesbaden 1955, S. 355,36-356,9; neben Röm 7,12 ist hier auch 1. Kor 14,8 zitiert. Wiederholt kommt Hamann auf die Analogie von Vernunft und Gesetz zurück, zusammenfassend in einem Brief an Friedrich Heinrich Jacobi vom 16. Januar 1785: »Ich hab es bis zum Eckel und Ueberdruß wiederholt, daß es dem Philosophen wie den Juden geht; und beyde nicht wißen, weder was *Vernunft* noch was *Gesetz* ist, wozu sie gegeben, zur Erkenntnis der Sünde und Unwissenheit – nicht Gnade u. Wahrheit, die *geschichtlich offenbart* werden muß, und sich nicht ergrübeln, noch ererben noch erwerben läßt.« (Briefwechsel, Bd. 5, hg. von ARTHUR HENKEL, Frankfurt a.M. 1965, 326,20-24).

Vernunft gebracht werden oder sich selbst als Vernunft ausbilden. Ebenso wie das Gesetz bei Paulus hat auch die Vernunft ihre Geschichte, in der sie mit sich selbst in Widerspruch geraten kann, aber auch dazu bestimmt ist, zu sich selbst zu kommen. Der Mensch hat Vernunft, um vernünftig zu werden. Die klassische Definition des Menschen als *animal rationale* lässt sich daher mit Immanuel Kant so präzisieren: Der Mensch ist ein »mit Vernunftfähigkeit begabtes Tier (animal rationabile)«, das »aus sich selbst ein vernünftiges Tier (animal rationale) machen kann«[4] und soll. Der Vernunft, die den Menschen von den übrigen Lebewesen unterscheidet, ist ein Sollgehalt eingeschrieben. Bereits damit deutet sich die Relevanz des Gesetzesbegriffs für das Verständnis der Vernunft an. Sich unter dem Gesetz und durch Gesetzgebung selbst zu verwirklichen, ist eine Möglichkeit der Vernunftwerdung der Vernunft. Ob sie zureichend ist, wird von Luther her noch zu fragen sein. Zunächst halten wir die genannte Differenz fest: Die Vernunft, die der Mensch als Instrument der Erkenntnis gebraucht, ist nicht identisch mit der wahren Vernunft. Als Organ der Aufklärung bedarf sie zugleich selbst der Aufklärung. Vernunftkritik ist somit beides: Kritik, die sich der Vernunft als Organ bedient, und Kritik, die dieses Organ auf seine Tauglichkeit hin überprüft und in diesem Sinn zu reinigen unternimmt. Die Frage, wie vernünftig die Vernunft sei und wie sie sich zur wahren Vernunft ausbilden könne, liegt insofern im Duktus der Aufklärung.

Zur Verdeutlichung der Problematik beziehe ich mich auf einen Schriftsteller, der weithin als Aufklärer *par excellence* gilt und dem wir auch die Titelformulierung unserer Tagung verdanken: Gotthold Ephraim Lessing. Ihm ging es auch darum, die Aufklärung nicht zuletzt auch in Sachen der Religion voranzutreiben. Indem er *Fragmente* aus der verborgen gehaltenen *Apologie oder Schutzschrift für die vernünftigen Verehrer Gottes* des Hermann Samuel Reimarus veröffentlicht und damit die zeitgenössische Theologie herausgefordert hat, wollte er nicht nur Glaubensaussagen auf den Prüfstand der Vernunft stellen. Ihm ging es vielmehr zugleich darum, die

---

[4] IMMANUEL KANT, Werke in zehn Bänden, hg. von WILHELM WEISCHEDEL, Darmstadt ⁴1975, Bd. 10, S. 673 (Anthropologie in pragmatischer Hinsicht).

auf beiden Seiten in Anspruch genommene Vernunft daraufhin zu befragen, ob sie der Sache der Religion angemessen ist. Es ist die Frage nach dem Maß der Vernunft. Und dass dieses Maß durch die Art und Weise, wie die Gegner im Fragmentenstreit von der Vernunft Gebrauch machen, verfehlt werden kann, ist die Voraussetzung seiner Aufklärung der Vernunft. »Der wahre Christ«, so gibt er dem Theologen, dem Hamburger Hauptpastor Johann Melchior Goeze, zu bedenken, ist »misstrauisch auf seine Vernunft« und »stolz auf seine Empfindung«[5].

Diesem Misstrauen liegt die Einsicht in die Unzuverlässigkeit der Vernunft zugrunde. In einem frühen Lehrgedicht bringt Lessing seine Zweifel an der Vernünftigkeit der Vernunft in folgenden Worten zum Ausdruck:

»Die grübelnde Vernunft dringt sich in alles ein,
Und will, wo sie nicht herrscht, doch nicht entbehrt sein.
Ihr flucht der Orthodox; denn sie will seinen Glauben,
Der blinde Folger heischt, den alten Beifall rauben.
Und mich erzürnt sie oft, wenn sie der Schul entwischt,
Und spitzgem Tadel hold in unsre Lust sich mischt.
Gebietrisch schreibt sie vor, was unsern Sinnen tauge,
Macht sich zum Ohr des Ohrs, und wird des Auges Auge.
Dort steigt sie allzuhoch, hier allzutief herab,
Der Sphär nie treu, die Gott ihr zu erleuchten gab.
Die ist des Menschen Herz, wo sich bei Irrtums Schatten
Nach innerlichem Krieg, mit Lastern Laster gatten,
Wo neues Ungeheur ein jeder Tag erlebt,
Und nach dem leeren Thron ein Schwarm Rebellen strebt.
Hier laß, Vernunft, dein Licht, uns unsern Feind erblicken,
Hier herrsche sonder Ziel, hier herrsch uns zu beglücken.
Hier findet Tadel, Rat, Gesetz und Strafe statt.
Doch so ein kleines Reich macht deinen Stolz nicht satt.
Du fliehst auf Abenteur ins Elend zu den Sternen,
Und baust ein stolzes Reich in unermeßnen Fernen,

---

[5] GOTTHOLD EPHRAIM LESSING, Werke und Briefe in zwölf Bänden, hg. von WILFRIED BARNER, Bd. 9: Werke 1778-1780, hg. von KLAUS BOHNEN UND ARNO SCHILSON, Frankfurt a.M. 1993, S. 203 (5. Anti-Goeze).

Spähst der Planeten Lauf, Zeit, Größ und Ordnung aus,
Regierst die ganze Welt, nur nicht dein eignes Haus.«[6]

Vernunftkritik heißt hier, die Sphären zu unterscheiden und bezogen auf sie die Zuständigkeit der Vernunft zu begrenzen. Unterscheidung und Begrenzung sind deswegen notwendig, weil die Vernunft ihrem eigenen Herrschaftsstreben so verfallen kann, dass sie darüber ihre eigentliche Bestimmung verfehlt. Statt sich selbst zu disziplinieren und das innere Universum des Herzens zum Guten zu bestimmen, sucht sie sich das äußere Universum zu unterwerfen, greift sie nach den Sternen und verlässt die ihr zugewiesene ‚Umlaufbahn'. Die Macht, die sie in der Erkenntnis und Unterwerfung der äußeren Natur ausübt, steht jedoch in einem krassen Missverhältnis zu ihrer Ohnmacht im Verhältnis zu den Bewegkräften, die den Menschen im Innersten bestimmen. Die Freiheit, die sie im Umgang mit der Welt ausübt und gewinnt, verkehrt sich zur Unfreiheit dort, wo es um die Selbstbestimmung zum Guten geht. Auch dort kann sie sich zu viel zutrauen. Anmaßend ist die Vernunft nicht nur in der Grenzenlosigkeit ihres Ausgriffs auf die Welt als ganze; anmaßend ist sie auch darin, dass sie in die Sphäre der Sinnlichkeit meint hineinregieren zu können, ohne doch des Herzens mächtig zu sein.

Wie vernünftig ist eine Vernunft, die die Grenzen ihrer Kompetenz verkennt und überschreitet? Genau das ist die Frage, die Lessing Minna von Barnhelm in der gleichnamigen Komödie in den Mund legt[7]. Auch hier spiegeln sich im Text der Dichtung sehr grundsätzliche philosophische Überlegungen. Der Major von Tellheim beruft sich auf »Vernunft und Notwendigkeit«, um zu begründen, dass er seine geliebte Minna vergessen müsse. Diese aber lässt sich nicht mit einer solchen vermeintlich vernünftigen Antwort abspeisen. Sie verlangt eine Antwort seines Herzens: »Lieben Sie mich noch, Tellheim? – Ja, oder Nein.« Die Vernunft, auf die sich

---

[6] DERS., Werke in acht Bänden, hg. von HERBERT G. GÖPFERT, Bd. 1, München 1970, S. 163 f. (An den Herrn Marpurg).

[7] Im Folgenden zitiert nach: GOTTHOLD EPHRAIM LESSING, Werke und Briefe in zwölf Bänden, hg. von Wilfried Barner, Bd. 6: Werke 1767-1769, hg. von KLAUS BOHNEN, Frankfurt a.M. 1985, S. 44 f. (II. Akt, 9. Auftritt).

Tellheim beruft und deren gebietender Autorität er sich unterwirft, droht unvernünftig zu werden, wenn sie sich jener Sphäre des Herzens zu bemächtigen sucht, in der sie mit ihren Gründen doch nichts auszurichten vermag. Mit Pascal möchte man hier sagen: »Das Herz hat seine Gründe, die die Vernunft nicht kennt« (»le coeur a ses raisons, que la raison ne connaît point«[8]). Und bezogen auf die von Lessing später formulierte Unterscheidung zwischen »notwendigen Vernunftswahrheiten« und »zufälligen Geschichtswahrheiten«[9] wird hier deutlich, dass das Reich der Notwendigkeit durchaus begrenzt ist und dass die Vernunft, die nichts anderes als »notwendige Vernunftswahrheiten« gelten lässt, die Lebenswirklichkeit in ihrer Zufälligkeit sowie auch in ihrer Vielfalt und Freiheit verfehlt. Dass sie sich mit der Forderung des Notwendigen nicht nur zur Wirklichkeit der Liebe, sondern auch zur Wirklichkeit der Religion ins Missverhältnis begibt, zeigt Lessing nicht zuletzt auch mit der Ringparabel in *Nathan der Weise*, sofern hier mit der bewusst gewählten Sprachform eines Gleichnisses das in der Fragestellung des Sultans implizierte Vernunftverständnis scharf kritisiert wird[10]. Seine Aufklärung der Vernunft zielt auf eine Weisheit, die sich der Grenzen der Vernunft bewusst wird und dem »Anderen der Vernunft«[11] sein Recht und seine Bedeutung zuerkennt.

Um Selbstbegrenzung der Vernunft geht es auch, wenn Immanuel Kant sowohl die theoretische Vernunft als auch die praktische Vernunft einer

---

[8] BLAISE PASCAL, Über die Religion und über einige andere Gegenstände (Pensées), übersetzt und hg. von EWALD WASMUTH, Heidelberg ⁸1978, S. 141 (Nr. 277).

[9] GOTTHOLD EPHRAIM LESSING, Werke und Briefe in zwölf Bänden, Bd. 8: Werke 1774-1778, hg. von ARNO SCHILSON, Frankfurt a.M. 1989, S. 441 (Über den Beweis des Geistes und der Kraft).

[10] Man lese unter diesem Gesichtspunkt insbesondere den Sammlungsmonolog Nathans (III/6): »als ob die Wahrheit Münze wäre!« A.a.O. (siehe Anm. 5), S. 554; zur Interpretation ausführlicher: JOHANNES VON LÜPKE, Wege der Weisheit. Studien zu Lessings Theologiekritik (GTA 41), Göttingen 1989, S. 125-133.

[11] Vgl. HARTMUT BÖHME und GERNOT BÖHME, Das Andere der Vernunft. Zur Entwicklung von Rationalitätsstrukturen am Beispiel Kants, Frankfurt a.M. ³1999.

fundamentalen Kritik unterzieht. Von Lessing herkommend, lässt sich sein Anliegen so formulieren: Es gilt die Vernunft in ihrer Sphäre zu halten. Das heißt zum einen, sie daran zu hindern, in jene Überwelt des Übersinnlichen auszuschwärmen, in der sie doch nichts zu erkennen vermag, weil und insofern ihr Erkenntnisvermögen eben an die Sinnlichkeit und damit an den *mundus sensibilis* gebunden ist. Und das heißt zum anderen, die Vernunft dort stark zu machen, wo sie sich als praktische Vernunft, als Kraft zum Tun des Guten gegen widerstrebende Affekte und Neigungen durchzusetzen hat. Es ist hier nicht der Ort, um die Durchführung dieser doppelten Kritik im Einzelnen nachzuzeichnen. Ich will hier lediglich darauf aufmerksam machen, dass in beiden Kritiken der Begriff des Gesetzes eine zentrale Stellung einnimmt. Sowohl die Erkenntnis der Natur als auch die moralische Selbstbestimmung werden von Kant gesetzesförmig gedacht.

Dabei handelt es sich in beiden Sphären um ein Gesetz, das der Vernunft gleichsam eingeschrieben ist. Zugespitzt kann Kant im Blick auf die Erkenntnis der Natur formulieren: »der Verstand schöpft seine Gesetze (a priori) nicht aus der Natur, sondern schreibt sie dieser vor.«[12] Um die Urschrift des Gesetzes zu erkennen, ist die Vernunft gehalten, in sich einzukehren und der Bedingungen der Möglichkeit der Erfahrung inne zu werden. Und durchaus analog ist dem Menschen auch das moralische Gesetz, wie es sich im kategorischen Imperativ artikuliert, mit seiner Vernunftnatur eingegeben. Die Vernunft ist autonome Vernunft. Sie ist sich selbst Gesetz. Und sie kommt zur Vernunft, wenn sie sich streng an den Leitfaden dieses Gesetzes hält.

III. Kritik der gesetzlichen Vernunft

Mit dem Begriff des Gesetzes ist der Punkt benannt, an dem die Kritik der Vernunft, wie sie paradigmatisch von Kant durchgeführt worden ist,

---

[12] IMMANUEL KANT, Prolegomena zu einer jeden künftigen Metaphysik die als Wissenschaft wird auftreten können, in: Immanuel Kant, Werke in zwölf Bänden, hg. von WILHELM WEISCHEDEL, Darmstadt ⁴1975, Bd. 5, S. 189.

noch einmal kritisch zu befragen ist. Johann Georg Hamann hat für diese Kritik der Kritik den Begriff der Metakritik geprägt[13]. Seine auf Kants »Kritik der reinen Vernunft« antwortende »Metakritik« bestreitet nicht das Recht und die Notwendigkeit der Kritik; sie teilt vielmehr das Anliegen einer kritischen Rückwendung der Metaphysik auf den Boden der Erfahrung. Aber sie fragt nach dem, was im Prozess der selbstkritischen Disziplinierung der Vernunft ausgeblendet und verdrängt wird. Sie stellt das Selbstverständnis und den Machtanspruch der selbstkritischen Vernunft in Frage und bedient sich dabei der paulinischen Figur der Gesetzeskritik. Sie lässt sich als die Anwendung der Unterscheidung von Gesetz und Evangelium auf den Begriff der Vernunft verstehen.

Das Unternehmen der Metakritik setzt somit theologische Einsichten voraus. Was der Mensch ist und wie vernünftig seine Vernunft ist, entscheidet sich daran, ob und wie sich diese zu Gottes Wirken in seinem Wort verhält. Es entspricht der Rede Gottes in Gesetz und Evangelium, wenn die Theologie Gott und Mensch strikt unterscheidet, den Menschen also in seine Geschöpflichkeit einweist, um gerade dadurch die Kommunikation zwischen Schöpfer und Geschöpf zu eröffnen und Gottes Zuwendung zum Menschen wahrzunehmen. In dieser Beziehung auf das Wort Gottes klärt und bildet sich wahre Vernunft.

Indem sich die Metakritik am Logos Gottes orientiert und sich von ihm als der uneinholbaren Quelle des Lichtes leiten lässt, kann sie das Erkenntnisvermögen des Menschen sehr wohl in seinen Grenzen würdigen. Die Fragen, die in Bezug auf diese weltliche oder irdische Vernunft zu stellen sind, nehmen sie in ihrem eigenen Anspruch und in ihrer eigenen Kriteriologie durchaus ernst. Das klassische Beispiel einer solchen Vernunft-

---

[13] Vgl. JOHANN GEORG HAMANNs »Metakritik über den Purismum der Vernunft«, eingehend kommentiert von OSWALD BAYER, Vernunft ist Sprache. Hamanns Metakritik Kants, Stuttgart Bad Cannstatt 2002; zur mehrschichtigen Bedeutung des Begriffs der Metakritik verweise ich auf meinen Aufsatz: Metakritische Theologie. Überlegungen zu Gegenstand und Methode der Theologie im Gespräch mit Oswald Bayer, in: NZSTh 41, 1999, S. 203-224, insbes. S. 206-213.

kritik findet sich in Luthers Thesen »De homine«[14], wenn Luther hier die Leistung der Vernunft genau an den Kriterien misst, die sich die Philosophie in ihrer aristotelischen Gestalt selbst gegeben hat. Maßgebend für ihre Rationalität ist demnach das Geviert der Ursachen (*causa efficiens, causa finalis, causa materialis* und *causa formalis*), das gleichsam das Gesetz bildet, nach dem die weltliche Vernunft begründetes Wissen zu gewinnen sucht. Ihren eigenen Ansprüchen kann diese Vernunft nach Luthers Einschätzung allerdings nur eingeschränkt genügen. Einzig in Bezug auf die Erkenntnis der Natur am Leitfaden der *causa materialis* gelangt sie zu einigermaßen gesicherten Erkenntnissen. Sie vermag mithin zu erkennen, woraus die Wirklichkeit von Welt und Mensch in materieller Hinsicht besteht, sie weiß aber nicht, woher die Dinge dieser Welt kommen, wohin sie letztlich gehen und wodurch sie belebt und wesentlich geprägt werden.

In diesem Schema lässt sich nun auch der gesetzliche Charakter der Vernunft verdeutlichen. Als naturwissenschaftliche Vernunft, so wie sie sich in der Neuzeit ausgebildet hat und das Selbstverständnis der Vernunft weithin dominiert, versteht sie sich auf das Faktum; sie analysiert das verwirklicht Vorhandene auf seine materiellen Ursachen hin und stellt die Bestandteile in einen gesetzlichen Zusammenhang. Und eben diese unter der Kategorie des Gesetzes erfolgende Rekonstruktion erlaubt dann die technische Umformung. Die Vernunft, die sich auf das Gesetz versteht, erkennt die Natur in dem Maße, in dem sie selbst etwas aus ihr machen kann. Insofern wird die Wirklichkeit werkförmig verstanden. Dass die Vernunft sich in dieser Weise der vorhandenen Wirklichkeit zu bemächtigen vermag, macht ihre Größe sowie auch ihre Würde aus. Luther kann ihr in diesem Zusammenhang sogar Göttlichkeit attestieren. Kraft der ihm gegebenen Vernunft kann und soll der Mensch die ihm übertragene Herrschaft über die Erde (*dominium terrae*) ausüben.

Wenn sich jedoch die weltliche Vernunft das Ganze zu unterwerfen sucht, überschreitet sie die ihr gesetzten Grenzen. Das Ganze, ob man da-

---

[14] Siehe MARTIN LUTHER, Disputatio de homine (1536), WA 39/1, 175-177, mit deutscher Übersetzung findet sich der Text in der zweisprachigen Studienausgabe, hg. von WILFRIED HÄRLE, Bd. 1: Der Mensch vor Gott, Leipzig 2006, S. 663-669.

bei an das Universum oder an den einzelnen, individuell besonderen Menschen in seiner Ganzheit denkt, ist nicht Gegenstand einer Vernunft, die doch nur ein Teil des Ganzen ist und die Wirklichkeit immer nur von einem endlichen Standpunkt und somit nur in partikularer Perspektive wahrzunehmen vermag. Klassisch hat Blaise Pascal diese Erkenntnissituation zum Ausdruck gebracht: »Wie sollte es möglich sein, dass ein Teil das Ganze kenne? Aber vielleicht wird er beanspruchen, wenigstens die Teile zu kennen, die ein gemeinsames Maß mit ihm haben? Aber die Teile der Welt stehen alle derart in Zusammenhang, sind so miteinander verflochten, dass ich es für unmöglich halte, einen ohne den andern und ohne das Ganze zu verstehen. […] Da also alle Dinge verursacht und verursachend sind, bedingt und bedingend, mittelbar und unmittelbar, und da alle durch ein natürliches und unfassbares Band verbunden sind, das das Entfernteste und Verschiedenste umschlingt, halte ich es weder für möglich, die Teile zu kennen, ohne dass man das Ganze kenne, noch für möglich, dass man das Ganze kenne, ohne im Einzelnen die Teile zu kennen.«[15] Kurz: Diese endliche Vernunft ist nicht die Vernunft Gottes, steht aber in der Gefahr, sich mit ihr zu verwechseln[16].

Wie vernünftig ist die gesetzliche Vernunft wirklich, wenn sie doch ihre Bestimmung auch verfehlen kann und immer wieder verfehlt? Vernünftig

---

[15] BLAISE PASCAL, Über die Religion und über einige andere Gegenstände (Pensées), übersetzt und hg. von EWALD WASMUTH, Heidelberg ⁸1978, S. 48 (Nr. 72).

[16] Vgl. dazu die kritischen Bemerkungen Hamanns über Kant, aus einem Brief an Johann Gotthelf Lindner vom 12. Oktober 1759, in: JOHANN GEORG HAMANN, Briefwechsel, Bd. 1, hg. von WALTHER ZIESEMER und ARTHUR HENKEL, Wiesbaden 1955, S. 425,30-36: Kant »beruft sich auf das *Gantze*, um von der Welt zu urtheilen. Dazu gehört aber ein Wissen, das kein *Stückwerk* mehr ist. Vom Gantzen also auf die Fragmente zu schließen, ist ebenso als vom Unbekannten auf das Bekannte. Ein Philosoph, der mir also befiehlt, auf das *Ganze* zu sehen, thut eine ebenso schwere Forderung an mich, als ein anderer, der mich befiehlt auf das *Herz* zu sehen, mit dem er schreibt. Das ganze ist mir eben verborgen, wie mir Dein Herz ist. Meynst Du denn, daß ich ein Gott bin?« Ausgehend von dieser Passage hat Rainer Röhricht eindringliche Reflexionen zum wissenschaftstheoretischen Status der Theologie vorgelegt, in: RAINER RÖHRICHT, Theologie als Hinweis und Entwurf. Eine Untersuchung der Eigenart und Grenzen theologischer Aussagen, Gütersloh 1964, S. 75-80.

ist sie dann, wenn sie verhältnisgemäß ist. Hier ist noch einmal an die Analogie von Gesetz und Vernunft zu erinnern: Sowohl die Vernunft als auch das Gesetz sind Gaben Gottes, die dazu bestimmt sind, den Menschen ins rechte Verhältnis zu Gott, seinem Schöpfer, zu seinen Mitgeschöpfen und zu sich selbst zu versetzen. Treffend hat Hamann von »ächter, lebendiger, verhältnismäßiger Vernunft«[17] gesprochen und damit den Gegenbegriff zur »reinen«, verhältnislosen Vernunft formuliert. Unter dem Begriff der »verhältnismäßigen Vernunft« denkt er nicht nur an das Zusammenspiel von Sinnlichkeit und Verstand, von Leib und Seele. Gemeint sind auch die sozialen Verhältnisse, etwa wenn Hamann behauptet, »Geselligkeit« sei »das wahre Principium der Vernunft und Sprache«[18]. In den vielfältigen kreatürlichen Verhältnissen geht es immer auch um das Grundverhältnis zwischen Gott und Mensch. Während »diese und jene Philosophie« darauf aus ist, »Dinge« abzusondern, »die gar nicht geschieden werden können«, und so »Dinge ohne Verhältniße, Verhältniße ohne Dinge« annimmt[19], sucht Hamann der »metaphysische[n] Scheidekunst«[20] dadurch zu wehren, dass er die natürliche, im Schöpfungswort Gottes

---

[17] JOHANN GEORG HAMANN, Briefwechsel, Bd. 7, hg. von ARTHUR HENKEL, Frankfurt a.M. 1979, S. 168,34 (an Jacobi am 27. April 1788).

[18] JOHANN GEORG HAMANN, Briefwechsel, ebd., Z. 13 f.

[19] JOHANN GEORG HAMANN, Briefwechsel, ebd., Z. 15-17.

[20] JOHANN GEORG HAMANN, Sämtliche Werke, hg. von JOSEF NADLER, Bd. 3, Wien 1951, S. 142,6 f.; vgl. S. 144,7 (3. Hierophantischer Brief); dass die Philosophie »scheidet«, was Gott zusammengefügt hat (vgl. Mk 10,9 par), und »umgekehrt« in eins setzt, was theologisch zu unterscheiden ist, wird von Hamann immer wieder als ihre Grundverfehlung herausgestellt: vgl. ebd., S. 40,3-5 (Philologische Einfälle und Zweifel); S. 300,31-36 (Golgatha und Scheblimini); S. 278, 14 f. (Rezension); S. 286,32-34 (Metakritik); JOHANN GEORG HAMANN, Londoner Schriften, hg. von OSWALD BAYER und BERND WEIßENBORN, München 1993, S. 112,32-113,2; Briefwechsel, Bd. 6, hg. von ARTHUR HENKEL, Frankfurt a.M. 1975, S. 534,16-19 (an Jacobi am 24. August 1786); Bd. 7 (siehe Anm. 17), S. 158,16 f. (an Jacobi am 23. April 1787); dazu OSWALD BAYER, Vernunft ist Sprache (siehe Anm. 13), S. 106 f., S. 337-341.

begründete Einheit von »Vernunft und Sprache«[21] hervorhebt. Diese Einheit geht auf eine göttliche »Einsetzung« zurück und erhält von daher einen gleichsam sakramentalen Charakter[22]. Von dieser Vernunft kann in der Tat gesagt werden, dass sie »heilig, gerecht und gut« ist.

Ebenso wie das Gesetz kann freilich die zum Leben gegebene Vernunft sich im Gebrauch des Menschen zum Instrument des Todes verkehren. Statt die verschiedenen Dinge miteinander kommunizieren zu lassen, trennt sie, was zusammengehört, unterbricht sie den Wortwechsel, um sich das schöpferische Wort selbst anzumaßen. Indem der Mensch sich selbst zum Schöpfer seiner Vernunft erklärt, verwechselt er sich mit dem Logos selbst und täuscht sich zugleich darüber, wie wenig er dem Anspruch Gottes gerecht wird. Die Vernunft wird zum Instrument der Selbstrechtfertigung. Für Hamann ist insbesondere der Selbstruhm der Vernunft ein Indiz ihrer Selbstverfehlung. »Die Gesundheit der Vernunft ist der wohlfeilste, eigenmächtigste und unverschämteste Selbstruhm, durch den alles zum voraus gesetzt wird, was eben zu beweisen war, und wodurch alle freye Untersuchung der Wahrheit gewaltthätiger als durch die Unfehlbarkeit der römisch-katholschen Kirche ausgeschloßen wird.«[23] Noch einmal ist hier kritisch zurückzufragen: Wie vernünftig ist eine Vernunft, die sich selbst für unfehlbar hält, in solcher Selbsteinschätzung aber ihre eigene Bedingtheit verkennt? In den Worten Hamanns lauten Frage und Antwort so: »[...] was ist die hochgelobte Vernunft mit ihrer Allgemeinheit, Unfehlbarkeit, Überschwenglichkeit, Gewißheit und Evidenz? ein Ens rationis, ein Ölgötze, dem ein schreyender Aberglaube der Unvernunft göttliche Attribute andichtet.«[24]

---

[21] JOHANN GEORG HAMANN, Sämtliche Werke, Bd. 3, S. 300,31-301,2 (Golgatha und Scheblimini) unter Aufnahme einer Formulierung Ciceros: »RATIO et ORATIO«.

[22] JOHANN GEORG HAMANN, ebd., S. 300,34 und S. 288,3 f.; S. 289,21 f. (Metakritik). Mit BAYER, Vernunft ist Sprache (siehe Anm. 13), 375 f., S. 419-422, kann man in diesem sakramentalen Verständnis der Sprache geradezu den Skopus der »Metakritik« sehen.

[23] JOHANN GEORG HAMANN, Sämtliche Werke, Bd. 3, S. 189,18-22 (Zweifel und Einfälle).

[24] JOHANN GEORG HAMANN, N III, S. 225,3-5 (Konxompax).

Dass dem Selbstruhm der Vernunft eine Fiktion, ein Wunschbild, ja ein Götzenbild zugrunde liegt, kann freilich nur einleuchten, wenn man um den wahren, lebendigen Gott weiß, der sich in seinem Wort selbst mitteilt. Diese Gotteserkenntnis aber liegt außerhalb der Kompetenz der gesetzlichen Vernunft. Sie verdankt sich dem Hören auf die Stimme des Evangeliums. Welche Vernunft diesem Wort entspricht, soll abschließend im Rekurs auf Luthers Theologie wenigstens noch angedeutet werden[25].

IV. Gotteserkenntnis im Sprachraum von Gesetz und Evangelium

Gotteserkenntnis ist für Luther gebunden an das Wort, in dem sich Gott selbst gibt. »Er will durch keine andere Vernunft, denn allein durch sein Wort erkannt werden.«[26] Wie aber verhält sich diese Vernunft, die sich auf das Wort Gottes einzustellen vermag und sich von diesem her empfängt, zu der allgemeinen Vernunft und ihren Möglichkeiten der Gotteserkenntnis?

Die scharfe Antithetik, in der Luther die beiden Erkenntniswege einander entgegen setzt, wäre missverstanden, wenn sie als Verwerfung der Vernunft und damit als Absolutsetzung des Glaubens aufgefasst würde. In der deutlichen Kontrastierung geht es Luther vielmehr darum, die Grenzen der im Licht der natürlichen Vernunft möglichen Gotteserkenntnis aufzuweisen, die Vernunft aber sehr wohl bei der Aufgabe der Gotteserkenntnis zu behaften. Diesem Ziel dient es, wenn er die für seine

---

[25] Die folgenden Ausführungen greifen zurück auf meinen Aufsatz: Gott in seinem Wort wahrnehmen. Überlegungen zu einem nachmetaphysischen Gottesverständnis im Anschluss an Anselm von Canterbury und Martin Luther, in: KLAUS HELD und THOMAS SÖDING (HG.), Phänomenologie und Theologie (QD 227), Freiburg i. Br. u.a., 2009, S. 74-105, hier S. 101-104.

[26] MARTIN LUTHER, Wochenpredigten über Joh 6-8 (1530–1532) zu Joh 8,25, WA 33, 594,40-595,2.

gesamte Theologie maßgebende Unterscheidung von Gesetz und Evangelium auch auf das Verhältnis von Philosophie und Theologie anwendet. Es gibt »zweierlei Erkenntnis Gottes«, eine aus dem Gesetz, die andere aus dem Evangelium[27].

Die Gotteserkenntnis der allgemeinen Vernunft ist ebenso notwendig und ebenso allgemein wie das Gesetz, das nach Röm 2,15 allen Menschen ins Herz geschrieben ist. Kraft des Gesetzes können alle Menschen nicht nur wissen, »dass ein Gott sei«, sondern auch dass er als Regent die Natur und die Geschichte lenkt und dass Menschen ihm Gehorsam, aber auch Liebe und Vertrauen schuldig sind[28]. »So weit kommt die Vernunft in Gotteserkenntnis, dass sie hat cognitionem Legalem, dass sie weiß Gottes Gebot, und was recht oder unrecht ist.«[29] Diese Erkenntnis, die Luther ausdrücklich auch den Philosophen zugesteht[30], schließt auch das Wissen um die erste Tafel des Dekalogs, mithin ein religiöses Wissen ein, sie bleibt jedoch insofern unzulänglich, als sie den Menschen nicht in das rechte Gottesverhältnis zu setzen vermag. Es mangelt sowohl an der Erkenntnis des Sünderseins – »dass alle Menschen in Sünden geboren und verdammt sind«[31] – als auch an der Erkenntnis der Gnade: Vom »Abgrund göttlicher Weisheit und Willens« und von der »Tiefe seiner Gnade und Barmherzigkeit, wie es im ewigen Leben zugehen werde, da weiß die Vernunft nicht einen Tropfen davon, und ist ihr gar verborgen, sie redet davon wie der Blinde von der Farbe.«[32] Die Vernunft weiß um Gott, aber sie sieht ihn nicht[33]. Und weil sie ihn nicht wahrnimmt, vermag sie auch nichts von ihm zu empfangen.

---

[27] MARTIN LUTHER, Auslegung Joh 1 und 2 in Predigten (1537/38), WA 46, 667,8. f.
[28] MARTIN LUTHER, Auslegung Joh 1 und 2 in Predigten (1537/38), WA 46, 666,20-26.
[29] MARTIN LUTHER, Auslegung Joh 1 und 2 in Predigten (1537/38), WA 46, 668,9 f.
[30] MARTIN LUTHER, Auslegung Joh 1 und 2 in Predigten (1537/38), WA 46, 668,10 f.
[31] MARTIN LUTHER, Auslegung Joh 1 und 2 in Predigten (1537/38), WA 46, 669,28 f.
[32] MARTIN LUTHER, Auslegung Joh 1 und 2 in Predigten (1537/38), WA 46, 669,12-15.
[33] MARTIN LUTHER, Auslegung des Propheten Jona (1526), WA 19, 206,31-207,6: »Die Vernunft kann »die Gottheit« nicht »recht austeilen noch recht zueignen, dem sie

Eben um das rechte Sehen, die rechte Wahrnehmung und um das Empfangen geht es in der Gotteserkenntnis des Evangeliums. »Durch den eingeborenen Sohn«, der nach Joh 1,18 in des Vaters Schoß ist und uns den sonst für uns unsichtbaren Gott auslegt, »und durch das Evangelium lernt man Gott gerade ins Angesicht sehen«[34]. Während die gesetzliche Erkenntnis der Vernunft Gott nur von hinten sieht, wie er den Menschen »den Rücken zukehrt«[35], lässt das Evangelium erkennen, wie Gott einen Menschen anschaut, was er von ihm will und wie er ihm gegenüber »gesinnt«[36] ist. Und indem es Gott so sehen lässt, gibt es dem Menschen auch Anteil an der Fülle der Gnade und der Wahrheit, die in Christus leibhaftig ist (Joh 1,14). Die evangelische Gotteserkenntnis ist teilgebende, kommunikative Erkenntnis. Sie erschließt die Gemeinschaft von Gott und Mensch.

Dazu kann es freilich nur kommen, wenn der Mensch, der sich als Sünder Gott gegenüber verschließt, das Gericht geschehen lässt, das Jesus Christus am Kreuz vollzieht. Das Angesicht Gottes will im Angesicht des Gekreuzigten wahrgenommen werden. »Dass wir durch den Tod Christi Gnade und Wahrheit haben«[37], das ist jedoch eine Einsicht, die der natürlichen Vernunft als Torheit erscheinen muss. Um sie zu begreifen, muss sie selbst gerichtet, ‚umgekehrt' und neu ausgerichtet werden. Aus eigenen Kräften vermag sie diese Wende nicht zu vollziehen. Die evangelische Erkenntnis »wächst in unseren Gärten nicht«[38]; sie muss vielmehr »von

---

allein gebührt. Sie weiß, dass Gott ist. Aber wer oder welcher es sei, der da recht Gott heißt, das weiß sie nicht. [...] Also spielt [...] die Vernunft ‚Blinde Kuh' mit Gott und tut eitel Fehlgriffe und schlägt immer daneben, dass sie das Gott heißt, was nicht Gott ist, und wiederum nicht Gott heißt, was Gott ist«; dazu OSWALD BAYER, Martin Luthers Theologie. Eine Vergegenwärtigung, Tübingen ³2007, S. 116-123.

[34] MARTIN LUTHER, Auslegung Joh 1 und 2 in Predigten (1537/38), WA 46, 673, 8 f.
[35] MARTIN LUTHER, Auslegung Joh 1 und 2 in Predigten (1537/38), WA 46, 672,25 f.
[36] MARTIN LUTHER, Auslegung Joh 1 und 2 in Predigten (1537/38), WA 46, 673,6 f.
[37] MARTIN LUTHER, Auslegung Joh 1 und 2 in Predigten (1537/38), WA 46, 673,19 f.
[38] MARTIN LUTHER, Auslegung Joh 1 und 2 in Predigten (1537/38), WA 46, 669,9.

oben herab verkündigt [...] und ins Herz gebildet [werden].«[39] Eben weil die Erkenntnis so tief in das Innerste des Herzens hineingehen, ,einleuchten' soll, kann sie nicht aus dem Eigenen hervorgebracht werden. Hier ist der Mensch ganz angewiesen auf die Mitteilung, die ihm von außen, von oben zuteil wird. Hier geht es um »eine himmlische und göttliche Frömmigkeit, die ein ewiges Leben schafft. Denn sie steht nicht in [des] Menschen Vermögen und vergänglichen Werken, sondern hat einen anderen ewigen Grund, mit welchem sie auch ewig bleiben muss.«[40] Damit bringt Luther Grundeinsichten reformatorischer Rechtfertigungslehre in erkenntniskritischer Hinsicht zur Geltung: der *iustitia passiva* entspricht die *cognitio passiva*. Die Erkenntnis, die dem Menschen das ewige Heil, die Gerechtigkeit und Glückseligkeit erschließt, ist »kein Werk, sondern geht vor allen Werken«[41]. Sie vollzieht sich »gar inwendig im tiefsten Grund des Herzens« und besteht darin, »dass wir empfangen und nehmen«[42].

Mit Hilfe der Unterscheidung von Gesetz und Evangelium gelangt Luther zu einer Vernunftkritik, die das menschliche Erkenntnisvermögen in einer Hinsicht, bezogen auf die Sphäre der Natur und Geschichte, gar nicht hoch genug rühmen kann, um ihr dann doch in anderer Hinsicht, bezogen auf die Gotteserkenntnis, jegliche Eigenkompetenz zu bestreiten. Die Vernunft – so formuliert Luther einmal im rechtfertigungstheologischen Zusammenhang – »kennt nichts anderes als das Gesetz«[43]. Indem sie das Gesetz in seinen verschiedenen Ausprägungen in Natur, Geschichte und sozialer Ordnung als Verfassung der Weltwirklichkeit zu erkennen

---

[39] MARTIN LUTHER, Auslegung Joh 1 und 2 in Predigten (1537/38), WA 46, 670,21 f.

[40] MARTIN LUTHER, Wochenpredigten über Joh 16-20 (1528/9) zu Joh 17,3, WA 28, 100,16-18.

[41] MARTIN LUTHER, Wochenpredigten über Joh 16-20 (1528/9) zu Joh 17,3, WA 28, 100,23 f.

[42] MARTIN LUTHER, Wochenpredigten über Joh 16-20 (1528/9) zu Joh 17,3, WA 28, 100,23.25 f.

[43] MARTIN LUTHER, Galaterbriefkommentar (1531 bzw. 1535); »ratio nihil aliud novit quam legem.«, WA 40/1, 474,22 f.

vermag, erweist sie sich als eine gute Gabe Gottes, die in Wissenschaft, Technik und Kunst Großartiges leisten kann und soll[44]. Das Gesetz aber »gibt nichts anderes als Weltliches«[45]. Um die Wirklichkeit Gottes und sein Wirken in der Schöpfung zu vernehmen, bedarf es eines anderen Wortes und einer anderen Vernunft. Genauer gesagt: Um Gott zu erkennen, bedarf die Vernunft der Aufklärung im Licht des Wortes Gottes, durch das sie erneuert und zu ihrer ursprünglichen Bestimmung zurückgeführt wird.

---

[44] Vgl. dazu MARTIN LUTHER, Thesen »Disputatio de homine« (1536), WA 39/1.

[45] MARTIN LUTHER, Galaterbriefkommentar (1531 bzw. 1535); »lex nihil dat quam mundanum.«, WA 40/1, 555,2.

3. Teil: Gerhard Ebeling – ein dankbares Gedenken anlässlich des 100. Geburtstages

HANS CHRISTIAN KNUTH und WINFRID KRAUSE: Dank und bleibende Verpflichtung – eine kurze Würdigung des Lutherforschers und ehemaligen wissenschaftlichen Leiters der Luther-Akademie

Im Jahr 1912 wurde Gerhard Ebeling geboren. Das ist ein Anlass, anlässlich der Herbsttagung 2012 der Luther-Akademie in Dankbarkeit seiner zu gedenken. An vorderster Stelle steht der Dank für sein Lebenswerk, das ihn u. a. zu einem der führenden Lutherforscher in der Welt profiliert hat. Gedankt sei speziell für seinen langjährigen erfolgreichen Einsatz als Vorsitzender des Kuratoriums und damit als wissenschaftlicher Leiter der Luther-Akademie. Ebeling hat die Mitgliederzahlen und die Teilnehmerzahlen bei den Tagungen in die Höhe gebracht. Wir alle zehren bis heute von diesem Einsatz.

Unser Kuratoriumsmitglied Albrecht Beutel hat eine umfassende Biografie verfasst, die zum 100. Geburtstag erschienen ist[1]. Darin wird in bewundernswerter Weise des Lebens und des Werkes dieses großen Theologen gedacht, so dass an Stelle einer ausführlichen Würdigung auf dieses Buch verwiesen sei. Bei allem wissenschaftlichen Anspruch, dem sich Beutel unterstellt, liest sich dieses Buch spannender als so mancher Roman. Es ist deutlich, dass Ebelings Leben und Werk sich immer wieder mit den allgemeinen Vorstellungen im 20. Jahrhundert berührt. Insofern ist jeder von uns auch eingebunden in das hier dargestellte Leben.

---

[1] ALBRECHT BEUTEL, Gerhard Ebeling. Eine Biografie, Tübingen 2012.

Hier ein paar Daten in Kürze:

Prof. Dr. Gerhard Ebeling wurde am 6. Juli 1912 in Berlin-Steglitz als 3. Kind des Lehrers Martin Adolf Ebeling und seiner Frau Bertha Hermine Elsbeth, geb. Nain, geboren und am 22. September 1912 in der dortigen Markuskirche getauft. Nach dem Besuch des humanistischen Gymnasiums entschloss sich der aus einer kirchlichen Familie stammende junge Mann zum Studium der Ev. Theologie, das er 1930 in Marburg begann, wo ihn Rudolf Bultmann in die neutestamentliche Exegese und Hermeneutik und Wilhelm Maurer in die Reformationsgeschichte und Theologie Martin Luthers einführten. Im Nachwort zur dritten Auflage seiner Dissertation schildert Ebeling, wie er unter der Leitung von Wilhelm Maurer von der Wucht der geballten Luthertexte gepackt wurde – und wie dies sein gesamtes Leben beeinflusst hat.

Nach einigen Semestern in Berlin und Zürich legte er 1934 bei der Bekennenden Kirche von Berlin-Brandenburg das 1. Examen ab. 1935-1945 war er als Vikar und Pastor der Bekennenden Kirche in Crossen, Fehrbellin und Berlin-Hermsdorf tätig. 1936/37 besuchte er das von Dietrich Bonhoeffer geleitete Predigerseminar der Bekennenden Kirche in Finkenwalde. Auf Initiative Bonhoeffers wurde er für eine von Emil Brunner und dem Holl-Schüler Fritz Blanke betreute Promotion über Luthers »Evangelische Evangelienauslegung – eine Untersuchung zu Luthers Hermeneutik« 1937/38 nach Zürich entsandt, die 1942 erschien und ihn als Lutherforscher bekannt gemacht hat.

Gerhard Ebeling heiratete am 23. Mai 1939 die Violinistin Kometa Richner. Es folgten die Geburt und der frühe Tod des Sohnes Martin 1940 und die Geburt der Tochter Charitas 1944.

Nach dem Ende des 2.Weltkriegs, den Ebeling als Sanitätssoldat und Bekenntnispfarrer in Berlin verbrachte, habilitierte er sich auf Drängen Hanns Rückerts 1946 in Tübingen mit einer Arbeit über »Die reformatorische Bewegung am Ort der Reichsregierung in den Jahren 1522 bis 1524«, die die Nürnberger Reformation aus den Quellen rekonstruierte. Ebeling wirkte dann 1946-1954 als Professor für Kirchengeschichte und 1954-1956 für Systematische Theologie in Tübingen, 1956-1965 in Zürich. 1962 wurde das erste Institut für Hermeneutik an der Theologischen Fakultät Zürich errichtet, zu dessen Leiter Ebeling berufen worden ist. Dieses

Züricher Institut war das erste, das sich »der Sammlung, Förderung und Auswertung aller Forschung« widmet, »die die Lehre vom Verstehen und Auslegen betrifft, soweit sie direkt oder indirekt die Theologie angeht.«[2] Zwischen 1965 und 1968 war Gerhard Ebeling erneut in Tübingen und 1968-1979 als Professor für Fundamentaltheologie und Hermeneutik wieder in Zürich. In diesen Jahren schaarte er einen wachsenden Kreis von Schülern und Doktoranden um sich, der von seinem um die genaue historische und sorgfältige systematische Erfassung der Theologie Martin Luthers und ihrer Anwendung auf die Fragen und Probleme der Gegenwart bemühten Denken fasziniert und geprägt wurde und sich als »Löwensteiner Kreis« bis heute jedes Jahr nach Ostern trifft.

Die wichtigsten Früchte seiner akademischen Tätigkeit sind neben den Aufsatzbänden »Wort und Glaube I-IV« (1960-1995) das die bedeutenden Unterscheidungen der Theologie des Reformators herausarbeitende Büchlein »Luther. Einführung in sein Denken« (1964) und die große Monographie über Luthers »Disputatio de homine« (1977-1989) sowie die das frühe Buch über »Das Wesen des christlichen Glaubens« (1959) umfassend ausbauende »Dogmatik des christlichen Glaubens« (1979).

Über die Universität hinaus wirkte er im kirchlichen Bereich besonders durch die Herausgabe der »Zeitschrift für Theologie und Kirche« (1950-1977), durch zahlreiche Vorträge sowie als wissenschaftlicher Leiter der Luther-Akademie.

Im wissenschaftlichen Bereich war er als Mitarbeiter (seit 1950), Mitglied (seit 1956) und Präsident (seit 1969) der Kommission zur Herausgabe der Werke Martin Luthers, Mitglied der Kommission zur Herausgabe der Werke Friedrich Schleiermachers (seit 1974), der Heidelberger Akademie der Wissenschaften (seit 1977), Präsident des ev.-theol. Fakultätentages (1951-1954) und Vorsitzender des Kuratoriums der Luther-Akademie Ratzeburg (1985-1997) hochgeachtet. Vortragsreisen und Gastsemester führten ihn in viele Länder der Welt. Im Rahmen der Gründung eines »Instituts für die Wissenschaft am Menschen« traf er 1983 und 1985 in

---

[2] INGOLF DALFERTH, Würdigung Gerhard Ebelings, in: Hermeneutische Blätter, Sonderheft Juli 2003 des Instituts für Hermeneutik & Religionsphilosophie, Theologische Fakultät der Universität Zürich, S. 11 ff.

Castel Gandolfo, zusammen mit anderen weltberühmten Wissenschaftlern, Papst Johannes Paul II. Gegen die von der römisch-katholischen Kirche und dem Lutherischen Weltbund 1999 vorgelegte »Gemeinsame Erklärung zur Rechtfertigungslehre« organisierte er jedoch mit anderen einen Widerspruch, der von über 160 evangelischen Theologieprofessoren unterzeichnet wurde.

Die Universitäten Bonn, Uppsala, St.Louis/Missouri, Edinburgh, Neuchâtel und Tübingen haben ihm die Ehrendoktorwürde verliehen.

Mit grosser Dankbarkeit gedenkt die Luther-Akademie Gerhard Ebelings, der als Vorsitzender des Kuratoriums und zugleich als wissenschaftlicher Leiter zwischen 1985 und 1997 in hingebungsvoller und souveräner Leitung die Arbeit thematisch und konzeptionell nachhaltig geprägt hat. Als spiritus rector verstand er diese Aufgabe als wichtige Möglichkeit, die biblische Fundierung von Martin Luthers Theologie aufzuzeigen bei den Tagungen in Ratzeburg – einem Ort internationaler Begegnung zwischen Wissenschaft und Kirche unter Beteiligung und Mitwirkung skandinavischer Kirchen.

4. Teil: Register

Literaturverzeichnis

ALAND, KURT: Hilfsbuch zum Lutherstudium. Bearbeitet in Verbindung mit ERNST OTTO REICHERT und GERHARD JORDAN, Witten ³1970

ALFSVÅG, KNUT: What no Mind has Conceived: On the Significance of Christological Apophaticism, Leuven 2010

–: Luther as a Reader of Dionysius the Areopagite, in: Studia Theologica, Nr. 65, Januar 2012

ALTHAUS, PAUL: Die Theologie Martin Luther, Gütersloh 1963

AQUIN, THOMAS VON: Summa theologiae

–: Summa contra gentiles III

ARISTOTELES: Nikomachische Ethik, Übersetzung E. ROLFES, in: BIEN, G. (HG.), Philosophische Bibliothek Meiner 5, Hamburg 1972

AUGUSTIN: Soli loquien

–: De civitate Dei

–: Confessions III

AXT-PISCALAR, CHRISTINE: Was ist Theologie? Klassische Entwürfe von Paulus bis zur Gegenwart, Tübingen 2013

BARTH, ULRICH: Vernunft II: Philosophischm, in: Theologische Realenzyklopädie (TRE) Bd. 35, Lfg. 4/5. Berlin / New York 2002, S. 738-768

BAUER, MATTHIAS u.a. (HG.): Dimensionen der Ambiguität, in: DERS. U. A. (HG.): Dimensionen der Ambiguität, Heft der Zeitschrift für Literaturwissenschaft und Linguistik, Nr. 158, 2010, S. 7-75

BAUR, JÖRG: Luther und die Philosophie, in: Neue Zeitschrift für systematische Theologie und Religionsphilosophie (NZSTh), Nr. 26, 1984, S. 13-28

BAYER, OSWALD: Theologie, in RATSCHOW, C.H. (HG.), HST, Bd. 1. Gütersloh 1994

–: Vernunft ist Sprache. Hamanns Metakritik Kants, Stuttgart-Bad Cannstatt 2002

Literaturverzeichnis

–: Martin Luthers Theologie. Eine Vergegenwärtigung, Tübingen ³2007

BENEDIKT XVI. (= RATZINGER, JOSEF): Glaube, Vernunft und Universität. Erinnerungen und Reflexionen, in: DERS. (HG.), Glaube und Vernunft. Die Regensburger Vorlesung, Freiburg 2006

BERNSTEIN, RICHARD: Beyond Objectivism and Relativism: Science, Hermeneutics, and Praxis, Philadelphia 1983

BEUTEL, ALBRECHT: Gerhard Ebeling. Eine Biographie, Tübingen 2012

BIEL, GABRIEL: Collectorium circa quattuor libros Sententiarum, lib. III, in: WERBECK, WILFIRDUS/ HOFMANN, UDO, (HG.), Tübingen 1979

BLOOM, HAROLD: The American Religion, The Emergence of the Post-Christian Nation, New York 1992

BÖHME, HARTMUT / BÖHME, GERNOT: Das Andere der Vernunft. Zur Entwicklung von Rationalitätsstrukturen am Beispiel Kants, Frankfurt am Main³ 1999

BRAATEN, CARL E., JENSEN, ROBERT W. (HG.): Union with Christ: The New Finnish Interpretation of Luther, Grand Rapids, Eerdmans, 1998

BRAGUE, RÉMI: Die Konkretheit des Metaphysischen. Sein und Gutes als unentbehrliche Fragen, in: figh Journal, Nr. 21, April 2013, S. 1-4

BÜCHSEL, ELFRIEDE:, Paulinische Denkfiguren in Hamanns Aufklärungskritik. Hermeneutische Beobachtungen zu exemplarischen Texten und Problemstellungen, in: Neue Zeitschrift für systematische Theologie und Religionsphilosophie (NZSTh), Nr. 30, Berlin 1988

BUNDESMINISTERIUM DER JUSTIZ: Gesetzentwurf zur Beschneidung männlicher Kinder, Berlin 25. September 2012

DAHLGRÜN, CORINNA: Christliche Spiritualität. Formen und Traditionen der Suche nach Gott, Berlin 2009

DALFERTH, INGOLF: Theology and Philosophy, Eugen, 2002

–: Würdigung Gerhard Ebelings, in: Hermeneutische Blätter, Sonderheft Juli 2003 des Instituts für Hermeneutik & Religionsphilosophie, Theologische Fakultät der Universität Zürich

DAWKINS, RICHER: The God Delusion, New York 2006

DELIUS, HANS-ULRICH (HG.): Martin Luther, Studienausgabe, sechs Bände, Berlin 1979 (zit. StA). 3. Band: Die Bekenntnisschriften der evangelisch-lutherischen Kirche, hg. im Gedenkjahr der Augsburgischen Konfession 1930, Berlin ⁵1960 (zit. BSLK)

Literaturverzeichnis

DEUTSCHER ETHIKRAT: http://www.ethikrat.org/ueber-uns/auftrag

DIETER, THEODOR: Beobachtungen zu Martin Luther Verständnis der Vernunft, in: JOHANNES VON LÜPKE / EDGAR THAIDIGSMANN (HG.), Denkraum Katechismus. Festgabe für Oswald Bayer zum 70. Geburtstag, Tübingen 2009, S. 145-169

–: Der junge Luther und Aristoteles. Eine historisch-systematische Untersuchung zum Verhältnis von Theologie und Philosophie (TBT 105), Berlin/New York 2001

EBELING, GERHARD: Dogmatik des christlichen Glaubens, I, Tübingen² 1982

–: Fides occidit rationem. Ein Aspekt der theologia crucis in Luthers Auslegungen von Gal. 3,6,; in: DERS., Lutherstudien, Bd. III, Begriffsuntersuchungen – Textinterpretationen – Wirkungsgeschichtliches, Tübingen 1985, S. 181-222

EVANGELISCHE KIRCHE IN DEUTSCHLAND (EKD): Stellungnahme des Rates der zur Präimplantationsdiagnostik (PID), Hannover 15.02.2011, URL: http://www.ekd.de/download/pm40_2011_stellungnahme.pdf

–/ SEKRETARIAT DER DEUTSCHEN BISCHOFSKONFERENZ (HG.): Für eine Zukunft in Solidarität und Gerechtigkeit. Wort des Rates der EKD und der Deutschen Bischofskonferenz zur wirtschaftlichen und sozialen Lage in Deutschland, Hannover/Bonn 22. Februar 1997, URL: http://www.nachhaltigkeit.info/media/1294153719phpiDUrgA.pdf

EVANGELISCH LUTHERISCHE KIRCHEN: Die Bekenntnisschriften der evanglisch-lutherischen Kirche. hg. im Gedenkjahr der Augsburgischen Konfession 1930, Berlin⁵ 1960 (BSLK)

FISH, STANLEY: Are There Secular Reasons?, In: New York Times 22. Februar 2010, URL: http://opinionator.blogs.nytimes.com/2010/02/22/are-there-secular-reasons/?pagemode=print

FLASCH, KURT: Aufklärung im Mittelalter? Die Verurteilung von 1277. Das Dokument des Bischofs von Paris, Mainz 1989

FORELL, GEORGE W.: Reason, Relevance, and a Radical Gospel, in: RUSSEL, WILLIAM R., (HG.), Martin Luther: Theologian of the Church, St. Paul, Minnesota 1994

FREDDOSO, ALFRED: Ockham on Faith and Reason, URL: http://www.nd.edu/-afreddos/papers/f&rcam.htm

GAARLANDT, JAN GEURT (HG.): Das denkende Herz. Die Tagebücher von Etty Hillesum. 1941-43, Reinbek 1985

GABRIEL, KARL U.A. (HG.): Umstrittene Säkularisierung. Soziologische und historische Analysen zur Differenzierung von Religion und Politik, Berlin 2012

GAY, PETER: The Enlightenment: The Rise of Modern Paganism, New York 1966

GERRISH, BRIAN: By Faith Alone, The Old Protestantism and the New: Essays on the Reformation Heritage, Edinburgh

GRATH, ALISTER E. MC: Luther's Theology of the Cross, Oxford 1985

HABERMAS, JÜRGEN / REEMTSMA, JAN PHILIPP: Glauben und Wissen. Friedenspreis des deutschen Buchhandels 2001, Frankfurt 2002

HAMANN, JOHANN GEORG: Brief an Johann Gotthelf Lindner vom 3. Juli 1759, in: NADLER, JOSEF (HG.), Sämtliche Werke, Bd. 2, Wien 1950

–: Briefe, in: ZIESEMER, WALTHER / HENKEL, ARTHUR (HG.), Briefwechsel, Band 1, Wiesbaden 1955

–: Brief an Johann Gotthelf Lindner vom 12. Oktober 1759, in: ZIESEMER, WALTHER / HENKEL, ARTHUR (HG.), Briefwechsel, Band 1, Wiesbaden 1955

–: Brief an Friedrich Heinrich Jacobi vom 16. Januar 1785, in: ZIESEMER, WALTHER (HG.), Briefwechsel, Band 5, Frankfurt am Main 1965

–: Brief an Friedrich Heinrich Jacobi vom 27. April 1788, in: HENKEL, ARTHUR (HG.), Briefwechsel, Band 7, Frankfurt am Main 1979

–: 3. Hierophantischer Brief, in: NADLER, JOSEF (HG.), Sämtliche Werke, Band 3, Wien 1951

–: Philologische Einfälle, in: NADLER, JOSEF (HG.), Sämtliche Werke, Band 3, Wien 1951

–: Golgatha und Scheblimini, in: NADLER, JOSEF (HG.), Sämtliche Werke, Band 3, Wien 1951

–: Rezension, in: NADLER, JOSEF (HG.), Sämtliche Werke, Band 3, Wien 1951

–: Metakritik, in: NADLER, JOSEF (HG.), Sämtliche Werke, Band 3, Wien 1951

–: Zweifel und Einfälle, in: NADLER, JOSEF (HG.), Sämtliche Werke, Band 3 Wien 1951

–: Konxompax, in: NADLER, JOSEF (HG.), Sämtliche Werke, Band 3, Wien

Literaturverzeichnis

1951

–: Brief an Friedrich Heinrich Jacobi vom 23. April 1787, in: HENKEL, ARTHUR (HG.), Briefwechsel, Band 7, Frankfurt am Main 1979

–: Brief an Friedrich Heinrich Jacobi vom 24. August 1786, in: HENKEL, ARTHUR (HG.), Briefwechsel, Band 6, Frankfurt am Main 1975

–: Londoner Schriften, in: BAYER, OSWALD / WEIßENBORN, BERND (HG.), München 1993

HAMNAM, JAMES: The Genesis of Science: How the Christian Middle Ages Launched the Scientific Revolution, Washington DC 2011

HARTMANN, MARTIN: Das emotionale Tier, Die Zeit Nr. 37/2012, 6. September 2012, S. 54-55

HAYNES, KENNETH (HG.): Aesthetica in nuce, in: Writings on Philosophy and Language, Cambridge, Cambridge University Press, 2007

HERMS, EILERT: Kirche für die Welt. Lage und Aufgabe der evangelischen Kirchen im vereinigten Deutschland, Tübingen 1995

HIRSCH, EMANUEL: Hilfsbuch zum Studium der Dogmatik, Berlin[4] 1964

HÖFFE, OTFRIED: Einführung: Sollen Philosophen herrschen? Tübingen 2005

– (HG.): Platon, Politeia , 3., bearb. Aufl., Berlin : Akad.-Verl., 2011

JANZ, DENIS R.: The Westminster Handbook to Martin Luther, Louisville 2010

–: Syllogism or Paradox. Aquinas and Luther on Theological Method, in: Theological Studies, Nr. 59, März 1998), S. 3-21

JOAS, HANS: Braucht der Mensch Religion? Über Erfahrungen der Selbsttranszendenz, Freiburg i.Br. 2004

–: Die säkulare Option. Ihr Aufstieg und ihre Folgen, in: DZPhil, Nr. 57, 2009, S. 293-300

– / SCHÄRT, THOMAS / SEDMAS, CLEMENS / STOSCH, KLAUS VON (HG.): Was sind religiöse Überzeugungen? Göttingen 2003

JÜNGEL, EBERHARD: Gerhard Ebelings Dogmatik des christlichen Glaubens, in: NZZ vom 5./6.4.1980, S. 54

–: Die Welt als Möglichkeit und Wirklichkeit. Zum ontologischen Ansatz der Rechtfertigungslehre, in: DERS., Unterwegs zur Sache. Theologische Bemerkungen, München 1972, S. 206-233

–: Gott als Geheimnis der Welt: Zur Begründung der Theologie des Gekreuzigten im Streit zwischen Theismus und Atheismus, Tübingen 1982

JUNGHANS, HELMAR: Die probationes zu den philosophische Thesen der Heidelberger Disputation Luthers im Jahre 1518, Lutherjahrbuch 1979

KANT, IMMANUEL: Zum ewigen Frieden, in: WEISCHEDEL, WILHELM (HG.), Immanuel Kant. Werke in zwölf Bänden, Frankfurt 1977

–: Anthropologie in pragmatischer Hinsicht, in: WEISCHEDEL, WILHELM (HG.), Immanuel Kant. Werke in zehn Bänden, Band 10, Darmstadt 1975

–: Prolegomena zu einer jeden künftigen Metaphysik, die als Wissenschaft auftreten kann, in: WEISCHEDEL, WILHELM (HG.), Immanuel Kant. Werke in zwölf Bänden, Band 5, Darmstadt, ^{4}1975

KIRCHHOF, PAUL: Der Verfassungsstaat – ein Konzept gegen die Unvernunft, in: HÖFFE, OTTFRIED, Vernunft oder Recht?, Tübingen 2006, S. 141-160

KOBUSCH, THEO: Die philosophische Bedeutung des Kirchenvaters ORIGENES. Zur christlichen Kritik an der Einseitigkeit der griechischen Wesensphilosophie, in: ThQ 165, 1984, S. 94-105

KOPPERI, KARI: "Theology of the Cross", in: VAINIO, OLLI-PEKKA (HG): Engaging Luther: A (New) Theological Assessment, Eugene 2010

LANDGERICHT KÖLN: Pressemitttteilung, Köln 26. Juni 2012, http://www.lg-koeln.nrw.de/Presse/Pressemitteilungen/26_06_2012_-_Beschneidung.pdf

LASSWELL, HAROLD: Politics: Who gets what, when, how? Glencoe 1951

LAUSTER, JÖRG / OBERDORFER, BERND (HG.): Der Gott der Vernunft. Protestantismus und vernünftiger Gottesgedanke, Tübingen 2009

LEINER, MARTIN: Art. Dogmatik des christlichen Glaubens, in: Lexikon der theologischen Werke, hg. von ECKERT, MICHAEL U.A., Stuttgart 2003

LESSING, GOTTHOLD EPHRAIM: Anti-Goeze, in: BARNER, WILFRIED (HG.), Werke und Briefe in zwölf Bänden, in: BOHNEN, KLAUS / SCHILSON, ARNO (HG.), Band 9: Werke 1778-1780, Frankfurt am Main 1993

–: Minna von Barnhelm, in: BARNER, WILFRIED (HG.), Werke und Briefe in zwölf Bänden, in: BOHNEN, KLAUS (HG.), Band 6: Werke 1767-1769, Frankfurt am Main 1985

–: Nathan der Waise, in: BARNER, WILFRIED (HG.), Werke und Briefe in zwölf Bänden, in: BOHNEN, KLAUS (HG.), Band 6: Werke 1767-1769, Frankfurt am Main 1985

Literaturverzeichnis

–: An den Herrn Marpurg, in: GÖPFERT, HERBERT G. (HG.), Werke in acht Bänden, Band 1, München 1970

–: Über den Beweis des Geistes und der Kraft, in: SCHILSON, ARNO (HG.), Werke und Briefe in zwölf Bänden, Band 8: Werke 1774-1778, Frankfurt a.M. 1989

LIENHARD, MARC: Luther. Witness to Jesus Christ. Stages and Themes of the Reformer's Christology, Minneapolis 1982

LINK, CHRISTIAN: Aus existentieller Betroffenheit. Gerhard Ebelings Rechenschaft über den Glauben, in: LM 19 (1980), S. 409-411

LOEWENICH, WALTHER VON: Luthers Theologia Crucis, München 1954

LOHSE, BERNHARD: Luthers Theologie

–: Ratio et fides

LÜPKE, JOHANNES VON: Wege der Weisheit. Studien zu Lessings Theologiekritik (GTA 41), Göttingen 1989

–: Metakritische Theologie. Überlegungen zu Gegenstand und Methode der Theologie im Gespräch mit Oswald Bayer, in: Neue Zeitschrift für systematische Theologie und Religionsphilosophie (NZSTh), Nr. 41, 1999, S. 203-224

–: Gott in seinem Wort wahrnehmen. Überlegungen zu einem nachmetaphysischen Gottesverständnis im Anschluss an Anselm von Canterbury und Martin Luther, in: HELD, KLAUS und SÖDING, THOMAS (HG.), Phänomenologie und Theologie (QD 227), Freiburg i. Br. u.a. 2009

LUTHER, MARTIN: Disputatio de homine, in: HÄRLE, WILFRIED (HG.), Band 1: Der Mensch vor Gott, Leipzig 2006

MANKOWSKI, PAUL V.: What I Saw at the American Academy of Religion in: First Things, März 1992

MILBANKS, JOHN: Theology and Social Theory: Beyond Secular Reason Oxford, 1990

NASSMACHER, HILTRUD: Politikwissenschaft, München⁵ 2004

NEGRI, ENRICO DE: Offenbarung und Dialektik. Luthers Realtheologie, Darmstadt 1973

NEIMAN, SUSAN: Moralische Klarheit, Hamburg 2010

NYSSA, GREGOR VON: De viat Moysis in: KOBUSCH, THEO, Die philosophische Bedeutung des Kirchenvaters Origenes. Zur christlichen Kritik an der Einseitigkeit der griechischen Wesensphilosophie, in: ThQ 165, 1984,

S. 94-105

OBERMAN, HEIKO A: Luther and the Via Moderna: The Philosophical Backdrop of the Reformation Breakthrough, in: Journal of Ecclesiastical History, Nr. 54/4, Oktober 2003, S. 641-670

ORIGENES: EzHom, in: KOBUSCH, THEO, Die philosophische Bedeutung des Kirchenvaters Origenes. Zur christlichen Kritik an der Einseitigkeit der griechischen Wesensphilosophie, in: ThQ 165, 1984, S. 94-105

PANNENBERG, WOLFHART: Systematische Theologie I, Göttingen 1988

–: Wissenschaftstheorie und Theologie, Frankfurt a. M. 1973

PASCAL, BLAISE: Über die Religion und über einige andere Gegenstände (Pensées), in: WASMUTH, EWALD (ÜBERSETZER und HG.), Heidelberg[8] 1978

PEARSON, THOMAS D.: Luther's Pragmatic Appropriation of the Natural Law Tradition in: Natural Law: A Lutheran Reappraisal, St. Louis 2011, S. 39-63

PETZOLDT, MATTHIAS (HG.): Theologie im Gespräch mit empirischen Wissenschaften, Leipzig 2012

RATZINGER, JOSEF (= BENEDIKT XVI.): Glaube, Vernunft und Universität. Erinnerungen und Reflexionen, in: Ders. (Hg.), Glaube und Vernunft. Die Regensburger Vorlesung, Freiburg 2006

RAWLS, JOHN: Eine Theorie der Gerechtigkeit, Frankfurt a.M. 1975

ROHLS, JAN: Offenbarung, Vernunft und Religion, Tübingen 2012

–: Philosophie und Theologie in Geschichte und Gegenwart, Tübingen 2002

RÖHRICHT, RAINER: Theologie als Hinweis und Entwurf. Eine Untersuchung der Eigenart und Grenzen theologischer Aussagen, Gütersloh 1964

SAUTER, GERHARD: Wissenschaftstheoretische Kritik der Theologie: die Theologie und die neuere wissenschaftstheoretische Diskussion. Materialien, Analysen, Entwürfe, München 1973

SCHNEIDER, JÖRG: Moderne Frömmigkeit zwischen Zeitgeist und Zeitlosigkeit. Auf dem Weg zu einer evangelischen Theologie der Spiritualität, in: IJPT 15 (2011), S. 293-329

SCHUBERT, KLAUS / KLEIN, MARTINA: Das Politiklexikon, Bonn [5]2011

SCHULZ, HEIKO: Theorie des Glaubens, Tübingen 2001

SCHWÖBEL, CHRISTOPH: Doing Systematic Theology (1987), in: DERS.

(HG.), Gott in Beziehung, Tübingen 2002, S. 1-24

SMITH, STEVEN: The Disenchantment of Secular Discourse, Cambridge 2010

STEENBERGHEN, FERDINAND VAN: Die Philosophie im 13. Jahrhundert, München / Paderborn/Wien 1977

STOESSINGER, CAROLINE: A Century of Wisdom. Lessons from the Life of Alice Herz-Sommer, London 2012

TAYLOR, CHARLES: Ein säkulares Zeitalter, Berlin 2012

VIND, ANNA: ʻChristus factus est peccatum metaphoriceʼ. Über die theologische Verwendung rhetorischer Figuren bei Luther unter Einbeziehung Quintilians, in: BAYER, OSWALD / GLEEDE, BENJAMIN (HG.), Creator est creatura. Luthers Christologie als Lehre von der Idiomenkommunikation, Berlin-New York 2007, S. 95-124

VOGELSANG, ERICH (HG): Luthers Werke in Auswahl (= BoA), Bd. V, Berlin³ 1963

VAINIO, OLLI-PEKKA (HG): Engaging Luther: A (New) Theological Assessment, Eugene 2010

–: Faith, in: Engaging Luther. A (New) Theological Assessment, Eugen 2010

VERNANT, JEAN-PAUL: Die Entstehung des griechischen Denkens, Frankfurt am Main 1982

WENDLAND, HEINZ-DIETRICH: Die Briefe an die Korinther, Göttingen 1954

WESTHELLE, VITOR: The Scandalous God: The Use and Abuse of the Cross, Minneapolis 2006

WICKER, BENJAMIN: Moral Darwinism, How we Became Hedonists, Downers Grove, Illinois 2002

ZUR MÜHLEN, KARL-HEINZ: Reformatorische Vernunftkritik. Dargestellt am Werk Martin Luthers und F. Gogartens (BHTh 59), Tübingen 1980

Bibelstellenregister

2. Mose	56
5. Mose 5,6	58
Koh 7,20	79
Ps 21,27	87
Ps 33,9	65
Jes 29,14	22
Jer 29,13	87
Mt 5,18	77
Mk 10,9	160
Mk 10,18	149
Luk 11,9	87
Luk 15	121
Joh 1	163
Joh 1,1-14	59
Joh 1,14	164
Joh 1,15	64
Joh 1,18	164
Joh 2	163
Joh 6-8	162
Joh 8,25	162
Joh 16-20	165
Joh 17,3	165
Röm 1	95
Röm 2,15	163
Röm 3,28 f.	67
Röm 4,2	67
Röm 7,10	149
Röm 7,12	149, 151
Röm 7,14	149
Röm 7,18	149
Röm 7,19	78
Röm 7,22	150
Röm 7,22.23a	78
Röm 7,23	150
Röm 8,3	149
Röm 12,3	93
Röm 13	64
1. Kor 1	95
1. Kor 1,18-25	22
1. Kor 1,21-24	25
1. Kor 1,28	120
1. Kor 2	95
1. Kor 2,9	61
1. Kor 9,19	64
1. Kor 12	64
1. Kor 13,12	126
1. Kor 14,1-19	150
1. Kor 14,8	151
2. Kor 4,5	64
2. Kor 13,13	21
Gal 3,6	66, 70
Gal 3,19	149
Gal 4	64
Gal 4,1-7	61
Phil 4,7 f.	19
Heb 11,1	61

WA–Fundstellen

WA 1
- 225,17-21 ... 87
- 225,17-26 ... 87
- 354 ... 113
- 355 ... 106
- 365,21 ... 76

WA 5
- 163,28 f. ... 114

WA 6
- 510 ... 119

WA 7
- 25,28-26,1 ... 119
- 828,2-8 ... 63

WA 8
- 629,23-33 ... 62
- 629,31-33 ... 56

WA 10/1
- 1,531 ... 111
- 240,9-22 ... 59
- 326,16 ... 61
- 532,1-12 ... 114

WA 14
- 16,11-17 ... 114

WA 16
- 143,17-19 ... 59
- 261,29-31 ... 56

WA 18
- 164,24 ... 61, 102
- 182,11 ... 61
- 617,16 ... 115
- 632,36-633,1 ... 115
- 633,7-11 ... 124
- 633,19-24 ... 116
- 636,27-29 ... 92
- 674,1-3 ... 115
- 674,13 ... 61
- 676,38-677,4 ... 116
- 684,6 ... 116
- 689, 20-25 ... 117
- 689,22-25 ... 117
- 709,10 f. ... 57
- 729,7 ... 61
- 784,9-12 ... 112

WA 19
- 205,27-206,6 ... 113
- 206,15-17 ... 114
- 206,31-207,6 ... 163
- 206-207 ... 114
- 482,17 ... 106

WA 21
- 509,6-13 ... 112

WA 25
- 237,11-13 ... 61

WA 26
- 283,4 f. ... 65
- 339-340,2 ... 127
- 437-445 ... 105

WA 28
- 100,16-18 ... 165
- 100,23 f. ... 165

WA-Fundstellen

100,25 f.	165
611,26-26	58

WA 30/2
562,27-30	111

WA 33
594,40-595,2	162

WA 39/1
47 f.	58
97,9 f.	59
175	5
175,9-10	102
175,9-15	56
175,10	110
175-177	158
175-180	9, 166
180,16	106
180,20	61

WA 39/2
5,9-10	105
8,5	105
13,12	105
15,9	104
345-346,23	62

WA 40/1
77,17	125
99,1-2	125
164,20	56, 125
204,15-21	124
204,24-25	126
229,17-21	126
293,29-33	111
305,33	111
360,4	68
360,5	69
360,6 f.	68
360,7	69
360,8	68
360,20-24	67
361,1 f.	69
361,7 f.	70
362,1 f.	70
362,4 f.	70
362,6	70
362,9 f.	70
362,10	70
362,15 f.	66
362,22 f.	67
362,26 f.	67
363,25 f.	67
365,10	70
367,4 f.	69
376,24	126
410,14-17	85
410,19-22	85
410,24-411,21	86
411,1	125
411,24-412,21	86
447,15-17	120
474,22 f.	165
520,25-27	123
555,2	166
603,20–31	125
607,7-9	57
607,28-32	57, 112

WA 40/3
46,7-10	61
223,5-7	60
51,8 f.	61

WA 42
33,8-13	56

WA-Fundstellen

47,33 110	123-134 93
47,33-38 110	125,34-37 93
85,10-13 56	126,7 ff. 61
408,34-409,3 113	126,29 .... 93, 102

WA 44

591,34-39 114	126,29-33 61

WA 46

	129,8-11 93
	132,29-134,34 96
666,20-26 163	150,42-151,3 113
667,8 f. 163	

WA 56

668,9 f. 163	274,14 82
668,10 f. 163	275,2-10 82

WA 57

669,9 164	222,5-9 126
669,12-15 163	

WA BR 1

669,28 f. 163	70,29-31 83

WA TR 3

670,21 f. 165	105,11-106,10 106
672,25 f. 164	

WA TR 4

673,6 f. 164	Nr. 2938 b 66
673,8 f. 164	
673,19 f. 164	

WA 51

Namensregister

A

Aland, Kurt 55
Alfsvåg, Knut 100, 112, 118, 119
Althaus, Paul 61
Aquin, Thomas von 85, 106, 122
Aristoteles 84
Augustin 109
Axt-Piscalar, Christine 30

B

Barth, Ulrich 134
Bauer, Matthias 51
Baur, Jörg 105
Bayer, Oswald 108, 157, 160, 161
Benedikt XVI. 10, 27, 73
Bernstein, Richard 123
Beutel, Albrecht 10, 35, 167
Biel, Gabriel 80, 81, 87, 88, 92
Blanke, Fritz 168
Bloom, Harold 129
Böhme, Gernot 155
Böhme, Hartmut 155
Bonhoeffer, Dietrich 168
Brague, Rémi 55, 57
Brunner, Emil 168
Büchsel, Elfriede 150

D

Dahlgrün, Corinna 47
Dalferth, Ingolf 107, 108, 169
Damm, Günther 10

Dawkins, Richer 100
Delius, Hans-Ulrich 55, 76
Deutsche Bischofskonferenz 148
Dieter, Theodor 67, 89, 90, 94, 95, 102, 103, 104

E

Ebeling, Gerhard ..10, 11, 33, 36, 37, 39, 40, 41, 42, 67, 68, 69, 70, 71, 167, 168, 169, 170
EKD 141, 148

F

Fish, Stanley 130
Flasch, Kurt 89
Forell, George W. 101
Freddoso, Alfred 107

G

Gaarland, J. G. 34
Gabriel, Karl 45
Gay, Peter 129
Gerrish, Brian 124
Grath, Alister E. Mc 117

H

Habermas, Jürgen 27
Hamann, Johann Georg 150, 151, 157, 159, 160, 161
Hannam, James 130
Härle, Winfried 158
Hartmann, Martin 134

Namensregister

Haynes, Kenneth 128
Herms, Eilert 144, 145, 146
Hirsch, Emanuel 58
Höffe, Ottfried 137, 139, 141

J

Janz, Denis 104, 105
Janz, Denis R. 121
Joas, Hans 48
Jüngel, Eberhard 35, 91, 121, 122
Junghans, Helmar 118

K

Kant, Immanuel 138, 156
Kirchhof, Paul 139, 140, 143
Klein, Martina 135
Kobusch, Theo 89, 90
Kopperi, Karl 106
Kuhn, Andreas 49

L

Lasswell, Harold 136
Lauster, Jörg 31
Leiner, Martin 35
Lessing, Gotthold Ephraim 153, 154, 155
Lienhard, Marc 119
Link, Christian 35
Loewenich, Walther von 117
Lohse, Bernhard 62, 63
Lüpke, Johannes von ...155, 157, 162

M

Mankowski, Paul von 102
Mattes, Mark 110

Milbanks, John 100, 101

N

Naßmacher, Hiltrud 135
Negri, Enrico de 105
Neiman, Susan 44
Nyssa, Gregor von 89, 90

O

Oberdorfer, Bernd 31
Oberman, Heiko A. 103
Origenes 89

P

Pannenberg, Wolfhart 31, 50
Pascal, Blaise 155, 159
Pearson, Thomas 104
Petzold, Matthias 31
Platon 137
Przywaras, Erich 121, 122

R

Ratzinger, Josef 10, 27
Ratzinger, Joseph 73, 74
Rawls, John 32
Rohls, Jan 27, 31
Rückert, Hans 168
Russel, William R. 101

S

Sauter, Gerhard 31
Schneider, Jörg 47
Schubert, Klaus 135
Schulz, Heiko 31
Schwöbel, Christoph 31

188

Namensregister

Smih, Steven 129
Steenberghen, Ferdinand van 89
Stoessinger, Caroline 34

T

Taylor, Charles 46, 47, 48

V

Vainio, Olli-Pekka 119, 120
Vernant, Jean-Paul 137

Vind, Anna 65
Vogelsang, Erich 76

W

Wendland, Heinz-Dietrich 64
Westhelle, Vitor 117, 119
Wicker, Benjamin 129

Z

zur Mühlen, Karl-Heinz 83

Autoren des Tagungsbandes

BAUMGARTEN, UWE	Pastor im Ev.-Luth. Kirchenkreis Lübeck-Lauenburg
DIETER, THEODOR	Prof. Dr., Direktor des Instituts für Ökumenische Forschung, Strasbourg
FELMBERG, BERNHARD	Dr., 2009-2013 Prälat, Bevollmächtigter der Evangelischen Kirche in Deutschland bei Bundestag, Bundesregierung und Europäischer Union
KERN, UDO	Prof. em. Dr., Systematische Theologie, Universität Rostock
KNUTH, HANS CHRISTIAN	Dr. Dr. hc, Bischof i.R., Präsident der Luther-Akademie, 1991– 2008 Bischof des Sprengels Schleswig der Nordelbischen Ev.-Luth. Kirche, 1999–2005 Leitender Bischof der VELKD
KRAUSE, WINFRID	Pfarrer in Thalfang-Morbach, Vorsitzender des Lutherischen Konvents im Rheinland
MATTES, MARK	Prof. Dr., Prof. für Religion und Philosophie, Grand View College in Des Moines, Iowa (USA)

Autoren des Tagungsbandes

RAATZ, GEORG	Dr., bis August 2013 Pastor in Teterow/Mecklenburg, seit September 2013 Referent für Gemeindepädagogik und Seelsorge im Amt der VELKD, Hannover
ROSE, MIRIAM	Prof. Dr., Lehrstuhl für Systematische Theologie, Friedrich-Schiller-Univeristät Jena
VON LÜPKE, JOHANNES	Prof. Dr., Lehrstuhl für Systematische Theologie, Kirchliche Hochschule Wuppertal

Programm der Herbsttagung 2012

Mittwoch, den 26. September 2012

14.30 Uhr	Begrüßung Bischof i.R. Dr. Hans-Christian Knuth
15.30 Uhr	Glaube und Vernunft in lutherischer Perspektive – Ambivalenz, Asymmetrie, Ambiguität Prof. Dr. Miriam Rose, Jena anschl. Aussprache
19.30 Uhr	Grußwort des Bürgermeisters Voß
19.45 Uhr	Mitgliederversammlung
anschl.	Complet

Donnerstag, den 27. September 2012

09.00 Uhr	Morgenandacht im Ratzeburger Dom (Phil. 4,7) Pastor z. A. Georg Raatz, Teterow
09.30 Uhr	Zwischen Exzellenz und Blindheit – Zum Verhältnis von Glaube und Vernunft bei Martin Luther Prof. Dr. Udo Kern, Rostock anschl. Aussprache
11.00 Uhr	Widersprüchliche Vernunft? Beobachtungen zu Luthers Verständnis der Vernunft Prof. Dr. Theodor Dieter – Research Prof. and Director of the Institute for Ecumenical Research, Strasbourg

Programm der Herbsttagung 2012

14.00 Uhr   A Contemporary Assessment of Luther on Faith and Reason
Prof. Dr. Mark Mattes, Grand View College, Des Moines, USA
anschl. Aussprache

17.00 Uhr   Martin Luther und die Anfänge von Ebelings Theologie – ein dankbares Gedenken anlässlich des 100. Geburtstages von Gerhard Ebeling
Bischof i.R. Dr. Hans-Christian Knuth

20.00 Uhr   Politik und Vernunft – ein sich ergänzendes Begriffspaar oder gegensätzliche Pole?
Prälat Dr. Bernhard Felmberg,
Bevollmächtigter des Rates der EKD, Berlin

22.00 Uhr   Complet

Freitag, den 28. September 2012

09.00 Uhr   Gottesdienst im Ratzeburger Dom
Predigt (1. Kor. 1,18-25)

10.30 Uhr   »Heilig, gerecht und gut«
Theologische Kritik der Vernunft
im Horizont der Aufklärung
Prof. Dr. Johannes von Lüpke,
Kirchliche Hochschule Wuppertal/Bethel

anschl.   Aussprache

12.15 Uhr   Reisesegen

Zusage und Zuversicht

Sola gratia – allein aus Gnade wird der Mensch vor Gott gerecht. Ausgehend vom biblischen Befund, vertieft durch die reformatorische Tradition wird untersucht, welche Konsequenzen sich aus dem reformatorischen Prinzip „sola gratia" für die pastoraltheologische Grundlegung und für eine säkulare Welt ergeben.

Luthers 95 Thesen werden in ihrem historischen Zusammenhang vorgestellt. Im Ablassstreit, insbesondere in Luthers Auseinandersetzung mit dem römisch-katholischen Theologen Jacobus Latomus, gewinnt die Unterscheidung und Zuordnung der „gratia Christi" entscheidende Bedeutung. Daraus ergeben sich Konsequenzen für ein neues Selbstverständnis des Menschen. Die Gnade Gottes macht den Menschen vor Gott gerecht. Dieser Zuspruch der Gnade in der Seelsorge gilt selbst bei aller Schwierigkeit, Gnade anzunehmen.

Die Luther-Akademie bringt wissenschaftliche Erkenntnisse der Gegenwart mit Grunderkenntnissen der Reformation in Beziehung.

www.lvh.de

Welche Freiheit? – Reformation und Neuzeit im Gespräch
Die evangelische Kirche wird als „Kirche der Freiheit" bezeichnet. Doch von welcher Freiheit spricht Luther, sprechen wir heute? Der Bogen der hier veröffentlichten Beiträge spannt sich von der biblischen Exegese über die Kirchengeschichte bis zur Religionsphilosophie, Dogmatik und Ethik einschließlich der Verhältnisbestimmung zwischen christlicher Freiheit und politischer Freiheit.
Ein Band, der Grundlagen ebenso vermittelt wie aktuelle Diskussionsansätze.

www.lvh.de

Paulus und Luther – ein Widerspruch?

„Wir interpretieren Paulus falsch, wenn wir ihn mit Luthers Augen sehen", Diese These ist von hoher Brisanz. Deshalb wird hierauf ihre Stichhaltigkeit überprüft. Referate, die theologische Grundlagen vermitteln, werden ergänzt durch exemplarische Fallstudien. Der Tagungsband ist sowohl zur Einarbeitung in diese Thematik als auch zur Examensvorbereitung bestens geeignet.

www.lvh.de

TOLERANZ & WAHRHEIT bilden ein Begriffspaar mit hoher Relevanz für die Entwicklung von Staaten und Glaubensgemeinschaften sowie für die Positionierung des Einzelnen. Dieser Band befasst sich mit der Frage, welche Bedeutung das Bekenntnis für den Glaubenden und für die Verfassung einer Kirche hat. Ebenso wird diskutiert, was der staatliche Werterahmen toleriert und welche Grenzen gezogen werden müssen. Die hier dokumentierte Tagung fragt aus theologischen, philosophischen und juristischen Perspektiven nach Chancen und Risiken sowie nach Notwendigkeiten und Grenzen des Tolerierens, des Akzeptierens und des auf dem Wahrheitsanspruch begründeten Insistierens.

ANHALT[ER]KENNTNISSE – in der interdisziplinären Tagungsreihe zu den Jahresthemen der EKD-Lutherdekade greift die Evangelische Landeskirche Anhalts gemeinsam mit der Friedrich-Schiller-Universität Jena das Jahresthema 2013 „Reformation und Toleranz" auf.

www.lvh.de